Anonymus

Zur Geschichte des Krieges

Ein Ausblick in die Zukunft

Anonymus

Zur Geschichte des Krieges
Ein Ausblick in die Zukunft

ISBN/EAN: 9783742896902

Hergestellt in Europa, USA, Kanada, Australien, Japan

Cover: Foto ©ninafisch / pixelio.de

Manufactured and distributed by brebook publishing software (www.brebook.com)

Anonymus

Zur Geschichte des Krieges

Zur Geschichte des Krieges.
Ein Ausblick in die Zukunft
von A. S.

Allgemeines.

Wir nähern uns dem Schlusse des Jahrhunderts. Da ziemt es wohl dem Soldaten, Rückschau zu halten über die Entwicklung seines Lebenselementes, des Kriegs- und Wehrwesens, umsomehr als die Wandlungen, welche sich hierin während dieses Zeitabschnittes vollzogen, so großartige, so tief eingreifende sind, wie noch nie zuvor. Erst durch einen solchen Rückblick gelangen wir zum vollen Bewusstsein, welche hochinteressante Zeit wir miterleben.

Das Jahrhundert scheidet sich in dieser Beziehung in zwei scharf getrennte Abschnitte: den ersten, längeren, vom Beginne des Jahrhunderts bis zum Jahre 1866, in welchem Frankreich und die Napoleoniden den maßgebendsten Einfluss auf die Kriegführung ausübten, und den zweiten, vom bezeichneten Jahre bis zur Gegenwart, während welchem es Preußen vorbehalten war, die Wege für die vollständige Umgestaltung des ganzen Kriegswesens vorzuzeichnen. Wir können daher den ersten Abschnitt als den napoleonischen, mit dem Charakter der Anwendung des Krieges zu persönlichen Zwecken, somit des Missbrauches des Krieges, und den zweiten als den preußisch-deutschen mit dem Charakter des Krieges mit großen politischen Zielen, der höchsten Steigerung der Kriegsmittel, sowie vollsten Ausnützung der Volkskraft bezeichnen.

Während beider Zeiträume, somit während des ganzen Jahrhunderts blieb aber Frankreich der die Kriegsidee provocierende und verschärfende Staat. Das Schwergewicht des gesammten modernen Kriegs- und Wehrwesens liegt daher in Frankreich und in Preußen sowie unter dessen Führung in Deutschland, während Österreich-Ungarn, Russland und das neu geeinigte Italien dem gegebenen Vorbild theils zur Wahrung ihrer Großmachtstellung, theils aus Bundespflicht folgten.

Obwohl Preußen schon seit Beginn des vorigen Jahrhunderts sich entschieden im aufsteigenden Aste bewegt und in der Staats- und Kriegskunst glänzt, so musste doch noch ein besonderer, bahnbrechender Factor zur Wirksamkeit gelangen, um solch' überwältigenden Einfluss zu gewinnen und solch' außerordentliche Resultate zu erzielen. Dieser Factor stand ihm auch zur Seite in Gestalt der dauernden, glänzenden, ja phänomenalen Erfolge in der Politik und im Kriege, namentlich in und nach den Kämpfen der Jahre 1866 und 1870/71. Nun ist für den Menschen der Erfolg von jeher der Maßstab für die Beurtheilung der Handlungen und Thatsachen. Insbesondere ist der Erfolg im Kriege von gewaltigster, berauschender Wirkung. Die Wege und Mittel, welche zu solchen Erfolgen führten, werden ohne weitere Erwägungen unbedingt als die besten, untrüglichsten angesehen und ohneweiters acceptiert. So kam es, dass fast ganz Europa alle militärischen Institutionen, das ganze Kriegswesen nach dem Vorbilde Preußens umgestaltete. Was Griechenland in Weisheit und Kunst, Phönicien in Handel und Verkehr, Rom in Staatskunst und Gesetzgebung für das Alterthum waren, das ist Preußen und unter seiner Führung Deutschland in Bezug auf das Kriegswesen für die moderne Welt.

Wie in allen soldatischen Angelegenheiten, steht Preußen auch in der Kriegstheorie seit Clausewitz, dem größten militärischen Denker, obenan. So unternahm es eine größere Anzahl preußischer Militärschriftsteller, das neu gegründete Kriegssystem in ebenso gewandter als geistreicher Weise zu beleuchten, zu rechtfertigen und wurden zu beredten Anwälten desselben. Allerdings kam ihnen dabei der Umstand zu statten, dass sie nur dem schon Bestehenden das Wort zu reden, sonach mit dem Strome zu schwimmen hatten. Auch wir wollen nicht, ja wagen es nicht gegen die Strömung zu schwimmen. Wir wollen vielmehr am Ufer einen Übersicht gewährenden Standpunkt aufsuchen, um von dort aus den Strom der Zeit zu beobachten, den Geist der Geschichte auf uns einwirken lassen und prüfen, welche Rolle der Krieg im Leben der Völker und Staaten spielte, dabei vornehmlich das 19. Jahrhundert ins Auge fassend.

Ein flüchtiger Blick auf die Vorgeschichte, ein etwas genaueres Eingehen auf das jetzige Jahrhundert soll uns die Handhabe bieten, aus der Geschichte jene Kriegsmaximen abzuleiten, welche unter allen Umständen als die von den geschichtlichen Ereignissen erhärteten erscheinen. Endlich soll ein Rück- und Überblick auf die Staaten Europas Anhaltspunkte zu Schlussfolgerungen für die Gestaltung der Dinge in nächster Zukunft gewähren.

Vorgeschichte.

Die Weltgeschichte erzählt uns von dem Lebenslaufe der Völker und Staaten, von ihrem Werden und ihrer ersten Entwicklung — der Jugendzeit, ihrer Blüthe — dem Mannesalter, ihrem Niedergange — dem Greisenalter. Von der Jugendzeit der Culturvölker des Alterthums wissen wir wenig. Diese Völker treten bei ziemlich fortgeschrittener cultureller Entwicklung, und zwar durch Kämpfe in die Geschichte ein.

So lernen wir auch das interessanteste derselben, die Griechen, in seinem Heroenzeitalter durch den trojanischen — einer schönen Königstochter wegen entbrannten Krieg kennen. In welch' bedeutendem Culturzustande sich die Griechen damals schon befunden haben müssen, beweist, dass sie sich kunstvoll aus Erz und Gold geschaffener Rüstungen, Waffen und Streitwagen bedienten. Und gar das trojanische Pferd! Wir wollen der Geschicklichkeit der heutigen Zimmerleute und Schreiner nicht nahetreten, aber die Anforderung, ein hölzernes Pferd zu construieren, in dessen Leib sich eine Schaar bewaffneter Krieger zu bergen vermag und das überdies fortzubewegen ist, würde sie in arge Verlegenheit versetzen.

Durch gemeinschaftliches Streben als Föderativstaat geeinigt, hatte Griechenland schwere Kämpfe gegen weit überlegene Gegner zu bestehen. Überall siegte aber die gediegene Minderheit über die zahlreichen Massen. Dann aber traten Spaltungen und Kämpfe um die Hegemonie ein. Im Innern zerfallen, ward es die leicht erworbene Beute Macedoniens und später jene Roms. Die bedeutendsten, um die Hegemonie ringenden Einzelstaaten waren bekanntlich das wehrhaft und in höchster geistiger Entwicklung stehende Athen und das rauhe, kriegerische Sparta. Noch heute, nach mehr als 2000 Jahren, lernt unsere akademische Jugend mühsam das Griechische, um ihren Geist durch atheniensische Weisheit zu bilden, während Sparta in unserem Andenken nur als Beispiel harten, rohen Wesens lebt.

Der hervorragendste Feldherr jener Zeit, Alexander der Große, unterjocht mit geringer Macht, ursprünglich 38.000 Mann, halb Asien, stirbt eines frühen Todes und mit ihm zerfällt das mit dem Schwerte Geschaffene in ein Nichts.

Das römische Volk musste sich ebenfalls schon einer bedeutenden culturellen Entwicklung erfreut haben, als es Rom, eine Stadt auf sieben Hügeln, die bald von einer Mauer umschlossen war, erbaute. Auch die Römer führten die ersten Kämpfe der Frauen wegen, den Krieg gegen die Sabiner. Man sieht, die Motive und Ziele der ersten Kriege waren keine hohen, großen — aber durchaus menschliche, der Anbeginn des „cherchez la femme". Rom entwickelte bald eine mächtige Expansivkraft und dehnte seine Macht allmälig auf das ganze Gebiet des mittelländischen und adriatischen Meeres, endlich bis gegen die Nordsee aus. Den hartnäckigsten Krieg führte es gegen Carthago, dessen Concurrenz in der Beherrschung des Meeres es fürchtete; das Ringen erstreckte sich auf einen Zeitraum von mehr als 100 Jahren, ein hohes, würdiges Ziel, jenes der Selbsterhaltung verfolgend. Bei seinen gewaltigen Kämpfen war es stets in der kriegstüchtigeren Minderheit, fast stets siegreich. Sein größter Feldherr Cäsar zog mit acht Legionen, sammt den Hilfstruppen auf 60.000 Mann beziffert, gegen die Gallier, deren Streitmacht mit jener der befreundeten Stämme auf 296.000 Mann berechnet wird.[1]) Jener große Mann stirbt unter den Dolchen fanatischer Gegner; nach ihm treten wirre Zustände ein. Als sich aber Rom in ungezähmtem Ehrgeiz und Eroberungsdrange immer wieder in neue Kriege stürzte, die es endlich doch in seinen Grundfesten erschütterten, dann den Übergriffen des Cäsarismus mit dem „panem et circenses" und der allgemeinen Verrohung anheimfiel, spaltete es sich in zwei Theile, die beide niemals mehr zur Blüthe gelangten.

Höher noch als durch seine Kriegskunst stand es in seiner Gesetzgebung und seiner Litteratur. Auch seine Sprache lernt heute noch die wissensdurstige Jugend, um die Schriften der Blüthezeit im Originale zu studieren.

Die Lebensdauer dieser beiden wichtigsten Culturstaaten des Alterthums als solche betrug ungefähr je 1000 Jahre.

Das **Mittelalter** sieht jene Culturstaaten gänzlich im Verfalle.
»Das Alte stürzt, es ändert sich die Zeit
Und neues Leben blüht aus den Ruinen.«

Das Culturcentrum rückt aus dem Gebiete des mittelländischen und adriatischen Meeres gegen Norden nach Mitteleuropa vor. Neue Völker, neue Staaten gelangen aus dem Werdeprocess in die Jugendzeit. Sehr langsam vollzieht sich die culturelle Wandlung, welche durch die Ausbreitung der christlichen Religion wesentlich gefördert wurde. Lange Zeit währen chaotische Zustände, bis ein mächtiger Herrscher, Karl der Große, Ordnung schafft und die Gründung zweier großer Reiche, Deutschlands und Frankreichs, vorbereitet. Er verwerthet den Krieg zu culturellen Zwecken, zur Verbreitung der christlichen Religion und der Gesittung. Er regelt die Wehrverhältnisse, indem er mit dem Lehenswesen die Heeresfolge verbindet. Aus letzterem entwickelte sich später das Ritterthum, die eigenthümlichste und interessanteste culturfördernde Wehrart. In seiner ursprünglichen Form wohl dem Ideale des Kriegerstandes entsprechend, ist es noch heute die Grundlage

---

[1]) „Geschichte Julius Cäsars" von Kaiser Napoleon III.

wahren Soldatengeistes und ihm dankt noch heute der höhere Adel seine, namentlich dann mit Recht zukommenden Prärogative, wenn er dem „noblesse oblige« treu bleibt. Leider artete nach mehrhundertjährigem Bestande auch diese edle Wehrform in wüstes Treiben und im Raubritterwesen aus, bis Kaiser Maximilian I. aus dem Hause Habsburg den »ewigen« Landfrieden (?) schuf.

Die Kämpfe, welche in jener Zeit auszutragen waren, bestanden theils in der Abwehr gegen die aus Asien, selbst über Afrika vordringenden Völkerschaften, theils aus solchen, die sich infolge natürlicher Reibungen zwischen den sich entwickelnden und ausbreitenden Staaten ergaben. Ein denkwürdiges Beispiel, welch' bizarren Ziele den vom Kriegsdrange erfassten Menschen zu dauernden, hartnäckigen Kämpfen vorschweben können, bilden die Kreuzzüge, an welchen sich schließlich sogar Kinder betheiligten.

Was wurde aber aus jenen kriegs- und beutelustigen Völkerschaften, die zur Zeit der Völkerwanderung und auch später in ungestümen Angriffen gegen Europa vorbrachen? Sie wurden theils vernichtet, theils zurückgeschlagen und mit wenigen Ausnahmen hieß es „und schnell war ihre Spur verloren". Am längsten behaupteten sich die Araber (Mauren) in Spanien, da sie mit der Wehrhaftigkeit hohe Cultur verbanden.

In der zweiten Hälfte des Mittelalters waren es die Übergriffe des Papstthums, sowie das Bestreben deutscher Fürsten, in Italien festen Fuß zu fassen, wodurch Kriege mit Schwert, Feder und Bannstrahl entstanden, die aber alle auf die Entwicklung des Heeres- und Kriegswesens keinen bemerkenswerten Einfluss ausübten. Erst gegen Ende des Mittelalters begann die Erfindung oder vielmehr die Anwendung des Schießpulvers eine tiefgehende Änderung in der Form der Kriegführung anzubahnen, indem gegen die Schießwaffen sowohl der Harnisch der Ritter, als auch die Mauern der Städte nicht hinreichend Schutz boten. Ebenso waren gegen Ausgang des Mittelalters in den Kirchenspaltungen, sowie in Bürger- und Bauernunruhen neue Motive für die hässlichste Abart der Kriege, der Religions- und Bürgerkriege aufgetreten.

Die **neuere Zeit** charakterisiert sich durch den allgemeinen Aufschwung auf fast allen Gebieten menschlicher Thätigkeit, menschlichen Strebens. Die Buchdruckerkunst bringt neues, ungeahntes Leben in die geistige Bewegung; Gewerbe und Industrie, Handel und Verkehr, namentlich in Deutschland zur Blüte gelangt, die Kunst des Quatro- und Cinque-cento, hoben die Culturzustände Europas; die Entdeckung eines neuen Welttheils, sowie die Erschließung neuer Wege zu den Schätzen Indiens fördern den Wohlstand, kurz, das

„goldene Zeitalter" schien angebrochen. Ein großer Monarch aus dem Hause Habsburg gründet ein Weltreich, in welchem „die **Sonne** nicht untergeht". Aber nur kurze Zeit sollte dieser Völkerfrühling währen, denn ein Dämon grauenhaftester Art begann seine Macht über die Menschheit zu entfalten, der Religionskrieg.

Jene Zeit, in welcher die Bekenner der christlichen Religion, der Religion der Liebe, der Duldung, der Versöhnung, unter sich in blutigen, hartnäckigen Kampf zur Verfolgung mit Feuer und Schwert traten, gehört wohl zu den bisher dunkelsten Punkten der Weltgeschichte, der Geschichte des Krieges. Sie liefern für alle Zeiten ein abschreckendes, warnendes Beispiel und beweisen, zu welch' maßlosen Verirrungen der menschliche Geist gelangen **kann**, wenn er sich vollständig den Leidenschaften überläßt. Diese Kämpfe führten endlich zum 30jährigen Kriege, aus welchem namentlich das herrliche Deutschland verwüstet und verarmt hervorgieng. Und merkwürdig, die Menschen von damals meinten, sowie wir heute, sie befänden sich auf einer hohen Stufe cultureller Entwicklung und es könnte gar nicht anders sein, wie es eben war.

Der einzige Vortheil, welchen jene unheilvolle Zeit brachte, war der Aufschwung des Heerwesens, die treffliche Organisation der stehenden Heere, basiert auf das Regiments-System, durch welches ein vorzüglicher Geist und eiserne Disciplin in die Truppen gelangte, jener Geist, von welchem unser Schiller so unübertrefflich sagt. „Wer's nicht edel und nobel treibt, lieber weit von dem Handwerk bleibt".

Aus dem 30jährigen Kriege und dem diesen abschließenden westphälischen Frieden ging die Fürstenmacht außerordentlich gestärkt hervor und steigerte sich namentlich in Frankreich bei dem gewaltthätigen Ludwig XIV. zur vollständigen Despotie. Auch das Ansehen des Kaisers war ein ungemein großes, wozu das vorzügliche kaiserliche Heer beitrug. Infolge des so sehr potenzierten Souveränetäts-Bewusstseins der zahlreichen deutschen **Fürsten** war an eine Einigung Deutschlands weniger denn je zu denken, ja, in dem seit der Schlacht bei Fehrbellin sehr gestärkten und später zum Königreiche erhobenen Preußen wuchs eine Militärmacht ersten Ranges empor. Diese drei Mächte sind es, die in der Geschichte des Krieges bis in die Jetztzeit die Hauptrolle spielen, während Russland, im Innern, in Asien und den Blick auf Constantinopel gerichtet, nur intermediär in Europa auftrat. Die Osmanen führten ihre letzten kräftigen Schläge im Kampfe gegen die „Ungläubigen", bis sie in Europa auf den Aussterbe-Etat gesetzt wurden, freilich bis heute vergebens.

Unvergänglich bleiben die Verdienste, welche sich die Fürsten aus dem Hause **Österreich** als Schirmherren Deutschlands, als Retter

Europas aus der »Türkennoth« erwarben. Immer waren es die kaiserlichen Heere, welche unter der Führung von Feldherren wie Herzog Karl von Lothringen, Markgrafen Ludwig von Baden und, vor Allen glänzend, Prinzen Eugen von Savoyen, Sieg um Sieg, sowohl gegen die überlegenen französischen, sowie gegen die fast zehnfach stärkeren Türkenheere erfochten. Frankreich zögerte dabei nicht, mit dem „Erbfeinde der Christenheit", den Türken, in Beziehungen zu treten, diese zu stets neuen Kriegsunternehmungen aufzufordern und sie darin zu unterstützen. Eine empörende Rechtsverletzung übte Ludwig XIV. durch die sogenannten „Reunionen" aus, infolge dessen weite Landgebiete — 600 Städte, Märkte und Dörfer — sowie Strassburg Frankreich einverleibt und mitten im Frieden von königlichen Truppen besetzt wurden.

Kaum waren jene Kämpfe in einer für Österreich glänzenden Weise beendet und die Gefahr von außen gebannt, als im Innern Deutschlands der Krieg losbrach, indem der thatkräftige Feldherrnkönig Preußens, Friedrich II. die Thronbesteigung Maria Theresia's, eines schwachen Weibes, wie es schien, benützend, zur Machterweiterung schritt. Als ersterer durch sein überlegenes Feldherrngenie das vorgesteckte Ziel erreicht hatte, ward der Friede geschlossen und beide große Fürsten widmeten sich dem Wohle und der Entwicklung ihrer Völker, beide in erfolgreichster Art.

Die Heere, von maßvoller Stärke, niemals über 100.000 Mann zählend, wurden im Wege der Werbung aufgebracht und ergänzt. Die Truppen waren von dem hohen Geiste ihrer edlen Regenten beseelt, durch die kräftigste Disciplin zusammengehalten, übten den Kriegsdienst vorzüglich aus und schlugen sich über alle Maßen tapfer. Es kämpften da Männer, die den Krieg des Krieges wegen führten und liebten; selbst der „gemeine Soldat" war infolge der langen Dienstzeit im Kriegswesen vorzüglich geschult; alles hatte reiche Kriegserfahrung. Es war wohl die Blütezeit echten Soldatenwesens, während die Staaten trotz andauernder Kriege sich vortrefflich entwickelten. Das Volk blieb eben geschont und auch die Länder waren, abgesehen von den kleinen Räumen, in welchen sich der Krieg eben abspielte, gänzlich unbelästigt gelassen. Die Bewaffnung bestand aus Bajonnetgewehren, die auf 300, und Kanonen, die auf 1000 bis 2000 Schritte ihre ziemlich harmlosen Rundgeschosse trugen; bei beiden war die Ladeart eine umständliche, somit das Feuer ein sehr langsames. Er war die Zeit der methodischen Kriegführung, der Lineartaktik, des Positionskrieges, wobei aber zahlreiche Einzelunternehmungen die Thatkraft ungemein belebten und einen frischen, fröhlichen Soldatengeist in die Truppen, namentlich in die Reiterei brachten. Die überaus große Tapferkeit und die Zähigkeit im Gefechte hatten allerdings verhältnismäßig bedeutende Verluste zur Folge.

Noch wäre zweier höchst merkwürdiger Persönlichkeiten des Nordens Europas zu gedenken; des reformierenden Czaren Peter des Großen, unter welchem Russland einen gewaltigen Schritt nach vorwärts that, und des Schweden-Königs Karl XII., welcher in unbezähmbarem Thatendurst gleich einem feurigen Meteor auftrat und bei Narva mit 12.000 Mann das zehnfach überlegene Heer der Russen schlug und dabei 105 Kanonen erbeutete, doch den frühen Heldentod vor den Wällen der Feste Friedrichshall fand.

Nach dem siebenjährigen Kriege war, abgesehen von Streitigkeiten über die bayerische Erbfolge und einem Kriege gegen die Türkei, eine längere Zeit des Friedens und der Culturarbeit eingetreten und es hatte den Anschein, als sollte das 18. Jahrhundert im Schatten der Friedenspalme zur Neige gehen. Es war aber nur die Windstille vor dem Gewitter, vor dem Sturme, welcher den Erdboden von fast ganz Europa erzittern machte. In Frankreich war die Revolution in unerhörter Vehemenz losgebrochen. Großen, herrlichen, aber leider vollständig utopischen Ideen sollte durch Schaffot, Mitrailladen und Noyaden die Bahn gebrochen werden. Gleichheit, wo das ganze Weltsystem auf Ungleichheit, das ganze Leben auf dem Streben, Differenzen auszugleichen, beruht; Freiheit, wo der Mensch stets in der Sclaverei seiner Leidenschaften lebt; Brüderlichkeit, wo 70 Jahre später jeder Franzose kampfbereit und kampflustig seinem friedliebenden Nachbar gegenübersteht! So zerfielen diese Ideen in ein Nichts und machten vielmehr dem härtesten Despotismus, den je ein Usurpator ausgeübt hatte, Platz.

Aber dies Alles vollzog sich nicht ohne dauernde Kämpfe. Die um die heilige Idee der Legitimität und der staatlichen Ordnung besorgten Fürsten Deutschlands, Sardiniens, später auch Englands und Russlands, voran wieder Österreich, traten den Ausschreitungen der französischen Revolution entgegen. Der in Deutschland und Italien mit wechselndem Glücke geführte Krieg endete erst im zweiten Jahr des 19. Jahrhunderts. In demselben traten insbesonders zwei Persönlichkeiten durch Kriegsruhm hervor, das größte Kriegsgenie aller Zeiten, Napoleon, und Erzherzog Karl von Österreich, der jenem bald mit Erfolg die Stirne bot.

Napoleon Bonaparte, der Corse, von kleiner, unansehnlicher Statur, welch' gewaltiger, allumfassender Geist mit ebenso großen Schwächen und Fehlern. Durch Feldherrngenie und unerhörtes Kriegsglück gelangt er 1800 als erster Consul, 1804 als Kaiser der Franzosen zur unumschränkten Macht über dieses große Reich, über dieses tapfere, starke Volk und ist von dieser Zeit an der Schrecken Europas. Fünfzehn Jahre lang führte er, mit nur kurzen Unterbrechungen, unausgesetzt Kriege unter den nichtigsten Vorwänden, unter den verwerflichsten Motiven, successive gegen alle Mächte Europas, stets als Provocierender, Angreifender Nur das muthige Österreich greift ihm gegenüber 1809 zu den Waffen und erschüttert durch den Sieg bei Aspern das Prestige der Unbesiegbarkeit des Kriegsheros. Nachdem er Österreich, Preußen, Spanien, Italien niedergerungen, der Angriff auf England infolge der isolierten Lage und eines Sieges desselben zur See unterbleiben musste, galt es nun noch das riesige Czarenreich unter seine Gewalt zu bringen. Es erfüllte die Welt mit Staunen, als es Napoleon gelang, zu diesem Zwecke ein Heer von 600.000 Mann zu sammeln. Das Kriegsgenie Napoleon's scheiterte an der Größe der Aufgabe, solche Heeresmassen, namentlich unter so schwierigen Verhältnissen, zu leiten. So ereilte ihn und leider auch sein tapferes Heer in den Eisgefilden des winterlichen Russlands die rächende Nemesis. Jetzt erst rafften sich die übrigen Mächte endlich zum gemeinsamen Kampfe gegen den unersättlichen Kriegsgewaltigen auf und führten nach hartnäckigem letzten Ringen dessen vollständigen Untergang herbei.

Nun frägt es sich: welches Ziel wollte Napoleon durch die zahlreichen und hartnäckigen Kriege erreichen und welche Idee lag denselben zugrunde? Selbst die gewiegtesten Napoleon-Forscher und -Verehrer sind darüber nicht ins Klare gekommen. Man schreibt ihm die Absicht zu, eine europäische Universal-Monarchie oder doch eine solche aus den Ländern des westlichen Europas gründen zu wollen. Andere meinen, es geschah dies, um als Usurpator seinem Lande, sowie den Mächten stets neue Beweise seiner Kraft und Gewalt zu geben. Dritte endlich weisen auf eine psychische Belastung, auf einen krankhaften Seelenzustand, infolge dessen der Krieg und die damit verbundenen Aufregungen ihm unentbehrlich waren und er unter unwiderstehlichem Zwange handelte.

Auch hier ist die geistige Belastung eine moralische Entlastung, denn vor dem Forum der Geschichte verfällt sein Handeln unabwendbar einem strengen Verdicte. Der Missbrauch, den er mit der Opferwilligkeit seines großen Volkes, mit der tapferen Armee, mit dem Kriege selbst trieb, war ganz unverantwortlich und ein Verbrechen gegen die Menschheit. Noch mehr zu bedauern und zu verurtheilen sind die Spuren, welche seine Handlungsweise im französischen Volke zurückließ Er legte hiedurch den Grund zu jener krankhaften Steigerung des Ehrgefühles und des Patriotismus, welche die übergroße Empfindlichkeit und Reizbarkeit der Franzosen erzeugte, infolge dessen sie sich mehrere Jahrzehnte später als unfähig erwiesen, ein Missgeschick, einen Echec zu vertragen und ein solcher sie gänzlich außer Rand und Band brachte. Wie nun, wenn damals die durch Napoleon hart bedrängten und schwer geschädigten Völker und Staaten sich dem Revanchegedanken hingegeben hätten, wie heute Frankreich? Europa wäre dann zu einem wahren Höllenpfuhl und der Vergeltungskrieg zu einem Vernichtungskampfe geworden. So aber kam Frankreich beim Pariser Friedensschlusse ganz glimpflich durch; ja, es wurden ihm sogar die zwei deutschen Provinzen Lothringen und Elsaß belassen.

Napoleon empfahl das Lesen und Wiederlesen der Geschichte großer Männer und bedeutender Feldherren, was er selbst betrieb, ohne für sich selbst die ernste Warnung abzuleiten, dass der Krieg, unausgesetzt, ziellos oder mit verwerflichen Motiven geführt, wie dies bei großen Eroberern oder allzu kriegerischen Völkern der Fall ist, eine zerstörende, vernichtende Kraft sei. So war denn sein Los ein noch viel härteres als das seiner ihm vorausgegangenen Eroberer, denn während diese ihren Fall auch mit ihrem Leben bezahlten, musste er den seinen noch lange Jahre in den kläglichsten Verhältnissen überdauern.

So sehr man auch Napoleon als Kriegsgenie bewundern muss, als militärisches Vorbild kann man seinen Wert nicht allzuhoch anschlagen, denn seine Kriegführung war eben von ganz besonderer Art und unzertrennlich von einem gewaltigen Geist, von dauerndem Kriegsglücke. Wer ihn nachahmen wollte, ohne Herr über diese beiden Factoren zu sein, wäre verloren. Besitzt Jemand so hohen Geist, dann geht er seine eigenen Wege. Sicher ist es, Napoleon brachte die energische, rücksichtsloseste Offensive als stärkere Kampfform zur Geltung und mit dieser verbunden die größtmöglichste Beweglichkeit, die Raschheit der Märsche und Manövers. Die schon während der Revolutionskriege angewendete geöffnete Gefechtsweise kam zur weiteren Entwicklung. Bezüglich der Bewaffnung und sonstigen militärischen Einrichtungen machten sich keine wesentlichen Änderungen bemerkbar.

Die umfassendsten diplomatischen Verhandlungen am Congress zu Wien stellten das „europäische Gleichgewicht" her. Der Friedensgedanke der christlichen Religion war zum Durchbruch gekommen; ein kurzes Aufleuchten! Die Fürsten Europas schlossen die „heilige Allianz", „gemäß den Worten der heiligen Schrift, die allen Menschen befiehlt, sich als Brüder zu lieben" etc. Den Traditionen seines Hauses folgend übernahm Kaiser Franz die Führung in Europa, gestützt und gefördert durch seinen geistvollen, mächtigen Minister Fürst Metternich.

Leider war dieser hochbedeutende Staatsmann so sehr von den Schrecken der französischen Revolution erfüllt, die sich gleichsam vor seinen Augen abgespielt hatte, dass er seine ganze Thätigkeit auf die Einschränkung des politischen Lebens durch peinliche Überwachung des geistigen Strebens, sowie des ganzen Verkehres concentrierte. Die revolutionären Bewegungen der Jahre 1848 und 1849, welche fast ganz Europa in den Grundfesten erschütterten, waren die Antwort darauf. Alle Länder Deutschlands und auch Österreich, letzteres in Italien und Ungarn, hatten harte Kämpfe zur Wiederherstellung der gesetzlichen Ordnung zu führen. In Ungarn bedurfte es sogar russischer Hilfe. Die kaiserliche **Armee** ging nicht nur siegreich, sondern auch gestärkter und gefestigter denn je aus diesen Kämpfen hervor. Der soldatische Geist, welcher die Armee in Italien unter dem greisen Feldmarschall Grafen Radetzky durchwehte, schuf geradezu ideale militärische Zustände.

Die stürmische politische Bewegung, welche Deutschland erfasst hatte, brachte auch die Frage einer Neugestaltung des Deutschen Reiches in Fluss und wurde die Lösung derselben in die Hände einer aus Vertretern aller deutschen Lande gebildeten Versammlung gelegt. Langwierige, stürmische Verhandlungen riefen immer tiefere Spaltungen innerhalb des Volksvertretungskörpers hervor, so dass dieser unverrichteter Sache in Trümmer gieng.

Dabei verschärfte sich die Rivalität der beiden die Hegemonie in Deutschland anstrebenden Staaten Österreich und Preußen in bedenklichster Weise. Die Entscheidung durch das Schwert schien unvermeidlich. Österreich hatte ein Heer von 250.000 Mann unter Feldmarschall Graf Radetzky bereitgestellt, Russland versprach 70.000 Mann Hilfstruppen, während Preußen kaum 100.000 Mann hätte ins Feld stellen können. Durch die Nachgiebigkeit Preußens war der Sache die Spitze abgebrochen und der jugendliche Monarch Kaiser Franz Joseph senkte großmüthig das Schwert in die Scheide, den „Bruderkrieg" abwendend. Welch' heller Lichtstrahl auf die Seelengröße dieses edlen Monarchen, dessen hoher soldatischer Sinn neue Kriegslorbeeren gewiss wünschenswert erscheinen ließ; dann die deutsche Kaiserkrone, welch' ein verlockendes Ziel! Über all' diesem stand ihm das Wohl und die Ruhe seiner Völker, der Völker Deutschlands.

Einige Zeit herrschte nun vollständig Ruhe in Europa. Da wollte es das Verhängnis Frankreichs, ja ganz Europas, dass es wieder einem Napoleoniden gelang, sich auf den französischen Kaiserthron zu drängen; ein genauer aber schwächlicher, schattenhafter Abklatsch Napoleon I. Weniger von persönlicher Kriegsbegierde durchdrungen und ohne Feldherrntalent, suchte er doch im Kriege die kräftigste Stütze seines usurpierten Thrones, einerseits um dem französischen Volke durch stets neue „gloire" zu schmeicheln, anderseits um seine

Macht nach außen fühlen zu lassen. Wo immer nur möglich in und
außerhalb Europa, mischte er sich in strittige Angelegenheiten und ent-
zündete den Krieg aus mitunter geradezu verwerflichen Motiven. So
kam es auch zum Krimkriege, diesem modernen Argonautenzug, ein
vierter punischer Krieg, um zu Gunsten Englands die Macht Russlands
im Süden zu brechen. Ein Kampf, welcher fast zwei Jahre währte,
mit großer Hartnäckigkeit geführt wurde und ungeheuere Opfer an Gut
und Menschenleben forderte.

Zwei Jahre später machte Napoleon III. die Angelegenheit Italiens,
dessen Einheitsbestrebungen, zu den seinen und erklärte durch einen
beleidigenden Neujahrswunsch an Österreich den Krieg. Welch' unerhört aufdringliche Einmischung in fremde Angelegenheiten des durch
das Attentat eines Italieners eingeschüchterten Kaisers der Franzosen!
Im Feldzuge geleitet ihn und Sardinien mehr Glück als Geschick und
nach Verlust zweier Schlachten musste Österreich eine seiner italienischen
Provinzen opfern. Dann folgten Einmischungen Napoleon III. in Rom,
Mexiko, China u. s. w. Nur bei dem späteren Kampfe zwischen Österreich und Preußen verhielt er sich neutral, abwartend, welcher von
beiden Parteien das Kriegsglück hold sein werde.

Auch über dem Großen Ocean, in dem riesigen, rasch empor-
blühenden Culturcentrum der Vereinigten Staaten Nordamerikas war
zwischen dem Norden und Süden ein großer hartnäckig geführter
Krieg ausgebrochen, beweisend, dass selbst die freiesten Institutionen
eines einheitlichen Volkes vor der ultima ratio nicht schützen.

Während dieser Zeit waren doch ziemlich bedeutende Ver-
besserungen und Neuerungen im Heereswesen fast aller europäischer
Mächte eingetreten. In erster Linie ist da Preußen zu nennen, wo
ungeachtet heftiger Anfechtungen von Seite der gesetzgebenden Körper,
die schon seit dem Befreiungskriege Deutschlands gegen Napoleon
acceptierte allgemeine Wehrpflicht mit kurzer Friedensdienstzeit auf-
rechterhalten und überhaupt für Kräftigung der Armee in erfolgreichster
Weise vorgesorgt wurde. Die übrigen Mächte bedienten sich noch des
Conscriptionssystems mit 8- bis 10jähriger effectiver Dienstzeit. Schon
seit langem hatte Preußen ein Rückladegewehr, das sogenannte Zünd-
nadelgewehr eingeführt; eine Waffe, welcher man bei den anderen
Mächten, so auch von Seite Österreichs, infolge Compliciertheit des
Lade- und Abfeuerungs-Mechanismus und als zu großer Munitionsver-
schwendung Anlass gebend, die Eignung als Kriegswaffe nicht zuer-
kannte.

Endlich war Preußen in der Vorbereitung zur raschen Mobilisierung
allen übrigen Mächten voraus. Auch Österreich hatte nach dem Kriege
1859 seine Armee neu organisiert und verstärkt, das Infanteriegewehr mit

gezogenem Laufe und Kapsel versehen; die Cavallerie und Artillerie in jeder Richtung, namentlich in der taktischen Ausbildung vervollkommt. Den Angriff als die stärkere Form auch für den unmittelbaren Kampf anerkennend, legte man ganz besonderen Wert auf den Bajonnetangriff, auf die Attaque.

Nicht weniger war Frankreich um die Verbesserung und Verstärkung seiner Wehrkräfte bemüht und brachte schon im Feldzuge 1859 in Italien gezogene Geschütze in Verwendung. So war denn Alles gerüstet für die großen Kämpfe, die sich alsbald im Herzen Europas abspielen sollten.

Unterdessen hatte die Stimmung in Deutschland eine entschiedene Wendung zu Gunsten Preußens genommen. Ein Versuch des Kaisers von Österreich, die deutschen Fürsten durch persönliche Intervention zur Einigung zu vermögen, scheiterte an der Haltung Preußens. Die Spannung zwischen diesem und Österreich hatte einen so hohen Grad erreicht, dass, ungeachtet eines gemeinschaftlichen Waffenganges in Schleswig-Holstein wegen Dänemark, im Frühjahre 1866 der Krieg ausbrach.

Von den beiden numerisch ziemlich gleichen Heeren ergriff jenes Preußens die Offensive, während die österreichische Armee an einem mehr rückwärts, im Innern des Landes gelegenen Punkte den strategischen Aufmarsch bewirkte. Die zu spät und mit unzureichender Energie ergriffene Offensive der österreichischen Hauptarmee konnte die an der Landesgrenze vorgeschobenen Armeetheile vor Misserfolgen nicht bewahren und nahm nun erstere bei Königgrätz an einem Punkte Aufstellung, wo sie naturgemäß der concentrische Angriff der einzelnen Colonnen der preußischen Armee treffen musste. Die Entscheidungsschlacht wurde auch thatsächlich hier geschlagen.

Ungeachtet aller österreichischerseits begangenen Fehler und erlittenen Missgeschicke schwankte das Züngleín der Entscheidung während der Schlacht in den ersten Nachmittagsstunden in einer für die Preußen bedenklichen Weise. Im Centrum und am südlichen Flügel vermochten die preußischen gegen die heldenhafte Tapferkeit der österreichischen Truppen absolut keine Fortschritte zu machen und man blickte im preußischen Hauptquartier mit ernster Sorge auf die im Norden zu erwartende Hilfe. Zwei Armeecorps und der größte Theil der Cavallerie der Österreicher waren um diese Zeit noch gänzlich intakt. Wäre der im österreichischen Hauptquartier gedachte Offensivgedanke rechtzeitig zur Ausführung gekommen, würde wohl die Entscheidung zu Gunsten Österreichs gefallen sein. Welch' total veränderte Verhältnisse, welch' unabsehbare Folgen wären dann eingetreten! Es kam anders und der Sieg der Preußen war ein vollständiger.

Nicht um nutzlose Recriminationen zu erheben, wird hier dieses Umstandes gedacht. Es soll damit nur in Erinnerung gebracht werden, wie von einem Schlachtenmoment oft die Gestaltung der größten und wichtigsten staatlichen und menschlichen Angelegenheiten abhängt und von welch' unmessbarer hoher Bedeutung die Führung im Kriege, in der Schlacht ist. Gerade in Bezug auf diesen wichtigen Factor waren bei der Nordarmee so ungünstige Verhältnisse als nur denkbar eingetreten, indem die drei an die Spitze der Armeeleitung gestellten bis dahin im Frieden wie im Kriege erfahrenen und bewährten Generale vollständig versagten und sich als dieser höchsten Aufgabe nicht gewachsen erwiesen.

Zu einem ernsten Kampfe zwischen den zur Parteinahme gedrängten Staaten des nördlichen und südlichen Deutschlands kam es nicht und fanden — von den Ereignissen auf dem Hauptkriegsschauplatze überholt — nur Gefechte zur „Wahrung der Waffenehre" statt.

In Italien erkämpft Österreich zu Land und zu Wasser glorreiche Siege.

Wir haben hier das Beispiel eines vollständig loyalen Krieges vor Augen. Wie die Verhältnisse lagen, war der Kampf zwischen Österreich und Preußen geradezu unvermeidlich und seit langem vorbereitet. Das Ziel war ein hohes, edles, die Herstellung Deutschlands unter der Führung der einen oder der anderen Macht. Preußen begnügte sich, oder vielmehr musste sich auf Napoleon's Drängen mit mäßigen Erfolgen begnügen. Zwar war der Hauptzweck, das Abdrängen Österreichs aus Deutschland erreicht, aber die Verhältnisse des letzteren waren durch die Gründung des norddeutschen Bundes nicht vollständig geklärt. Dies sollte erst infolge eines Krieges mit einer dritten Macht geschehen.

Mehr als der Löwenantheil fiel wohl Italien zu, das ungeachtet der erlittenen Niederlagen zur vollständigen Einheit gelangte; ein in der Geschichte ziemlich vereinzelt dastehendes Beispiel.

Österreich, auf sich selbst beschränkt — das Schicksal erwies sich nicht dankbar, wenn man die großen Verdienste dieses Staates um den Schutz Deutschlands bedenkt — war wohl tief erschüttert, nahm aber das erlittene Missgeschick mit Fassung entgegen und begann sofort mit aller Energie an seiner Retablierung in jeder Richtung zu arbeiten. Preußen hingegen suchte seine Erfolge nach Möglichkeit auszunützen, gründete den norddeutschen Staatenbund und es gelang ihm alsbald, geheim gehaltene Schutz- und Trutzbündnisse mit den süddeutschen Staaten abzuschließen.

Aber mehr als diese politischen Folgen waren die geistigen und moralischen Eindrücke des siegreichen Krieges für das deutsche Volk, für die Armee Deutschlands und ihre Führer von grundlegender Bedeutung. Wie wesentlich war dadurch das Selbstgefühl, das Vertrauen auf die eigene Kraft und auf jene der maßgebendsten Persönlichkeiten gehoben und gestärkt. Auch der Gedanke der Zusammengehörigkeit aller Deutschen war sichtlich neubelebt und es bedurfte nur noch eines weiteren Anstosses, um dieses Gefühl zur Thatsache werden zu lassen — und an diesem äußeren Anstosse sollte es nicht fehlen.

Der deutsch-französische Krieg 1870/71. Gleichsam beschämt über die Nichtigkeit der Gründe, durch welche mitunter Kriege ausbrechen, sucht man nachträglich große Motive zu construieren. So 1870 auf Seite der Franzosen. Die eigentliche Veranlassung dieses gewaltigen Kampfes war wohl, dass der alternde Kaiser Napoleon III. wieder das Bedürfnis fühlte, durch Kriegserfolge, durch neue Gloire seine Stellung zu befestigen. Das französische Volk wurde künstlich in dieser Richtung aufgestachelt und dann hieß es, der Hass des französischen Volkes gegen Preußen wäre ein unbezähmbarer gewesen. Thatsache ist es, dass wohl noch niemals ein großer Krieg dem Gegner so vollständig aufgezwungen, ja abgerungen worden war, als dies in diesem Falle von Seite Frankreichs geschah.

Die übrigen Staaten, selbst Österreich-Ungarn, blieben neutral, obwohl für letzteres die Verlockung, sich an die Seite Frankreichs zu stellen, groß war. Die Krystallisation aller deutschen Staaten unter Führung Preußens vollzog sich nun in überraschend schneller Weise Als dann der strategische Aufmarsch des deutschen Heeres in der Stärke von über 400.000 Mann, welchen von Frankreich ungefähr 300.000 Mann entgegengestellt wurden, beendet war, brachen die Heeressäulen der Deutschen sofort in Frankreich ein.

Unerhört, absolut noch nicht dagewesen war der Verlauf, das Resultat dieses Krieges.

In 23 Schlachten, größeren Affairen und in mehr als 100 Gefechten erkämpfte die deutsche Armee, mit ganz geringen Ausnahmen, glänzende Siege; alle großen Bollwerke an der Ostgrenze Frankreichs, darunter Metz und Straßburg, wurden zu Falle gebracht, der größte Theil der regulären Armee, sowie der Kaiser der Franzosen geriethen in deutsche Gefangenschaft, das letzte, äußerste Aufgebot des Landes wurde niedergerungen, Paris, die wohlbefestigte Hauptstadt wurde erobert: alles dies in einem Zeitraume von knapp sieben Monaten!

Nahezu 400.000 Gefangene, darunter 11.800 Officiere, wurden in deutsche Festungen gebracht, 7000 Geschütze und 120 Fahnen an Trophäen erbeutet.

Mit Rücksicht auf diese ganz außerordentlichen Erfolge und dass Frankreich bis zur vollständigen Machtlosigkeit niedergeworfen war, ist der Gewinn des Siegers gewiss ein durchaus maßvoller zu nennen. Er bestand in der Abtretung der einst deutschen, größtentheils durch Raub an Frankreich gelangten Provinzen Elsaß-Lothringen mit Metz und Straßburg, sowie in einer Kriegsentschädigung von 5 Milliarden Francs. Kaiser Napoleon, nach Kassel interniert, unterlag bald darauf einem schweren Leiden.

Die allgemeine numerische Überlegenheit war allerdings auf Seite des deutschen Heeres. Nicht so in allen Schlachten und Gefechten; so z. B. kämpften in der Schlacht bei Mars-la-Tour vom Morgen bis zum Nachmittag 56.000 Preußen gegen 160.000 Franzosen, in der letzten Schlacht bei Orleans 100.000 Deutsche gegen 200.000 Franzosen u. s. w.

Es schlugen sich Deutsche und Franzosen mit gleicher heroischer Tapferkeit, aber stets und überall siegte die methodische Kriegführung, die Zähigkeit und Ausdauer der deutschen Truppen über den Elan der Franzosen.

In erster Linie war es allerdings die schlechte Führung, welche die Niederlagen des französischen Heeres herbeiführte. Bezüglich der Kämpfe selbst lesen wir aber in einem deutschen Werke: »Nicht also in der Schlacht haben wir die Minderwertigkeit des französischen Heeres zu suchen, sondern in der Lodderei des inneren Dienstes der Heeresverwaltung, in schlechter Ausbildung der Nebenzweige des Generalstabes.« Weiters: »Und so beruht denn der deutsche Triumph weniger auf Überzahl und besserer Artillerie (beides doch auch Folgen reiferer Vorbereitung) oder auf absolut besserer Führung, als vielmehr recht eigentlich auf überlegener Moral, Fleiß und Pflichtgefühl jedes Einzelnen, auf gleichmäßigem, ernstem Arbeitseifer bis ins Kleinste auf Seite der Deutschen.«

Das Chassepot-Gewehr war dem preußischen Zündnadelgewehre überlegen, daher — und infolge der ausdauernden Tapferkeit — die großen Verluste der deutschen Truppen im Gefechte, die sich im Laufe des Feldzuges, ja selbst während eines Gefechtes bei mancher Abtheilung bis zu 50 und 60 Percent steigerten und es vorkam, dass die Führung von Compagnien in die Hände von Unterofficieren gelegt werden musste.

Wie in seinem Verlaufe und seinen Folgen außerordentlich, noch nicht dagewesen, so ist dieser Krieg auch ungemein lehrreich für die Geschichte und das Wesen des Krieges. Vor allem zeigt er uns, wie überraschend schnell und unerwartet — die Fürsten und Minister befanden sich zur Erholung und Stärkung ihrer Gesundheit am Lande und in Bädern — ein großer Krieg losbrechen kann. Er illustriert in schlagender Weise des Dichters Wort: „Es kann der Frömmste nicht im Frieden bleiben, wenn es dem bösen Nachbar nicht gefällt.‘ Er beweist, dass ein Krieg gegen den Willen beider in strittige Verhältnisse gelangenden Monarchen zum Ausbruche gelangen kann, denn des preußischen Königs Nachgiebigkeit war bis an die äußerste Grenze gelangt, und es wird von glaubwürdigster Seite versichert, dass auch Kaiser Napoleon schon vom Kriege abstehen wollte, und nur der persönliche Einfluss der Kaiserin Eugenie und des ersten Ministers in letzter Instanz für die Kriegserklärung von Seite Frankreichs entschied. Zieht man dann noch die Angelegenheit der Emser Depesche in Betracht, so erkennen wir die Mitwirkung einer dritten Kraft. Wie auf Seite Österreichs 1866, so waren nun bei der französischen Armee die allerungünstigsten Zustände in Bezug der Centralleitung, sowie in Bezug der Führung der Armeetheile und der Corps eingetreten. Auch hier verfielen altbewährte, kriegserprobte Generale in grobe Fehler und arge Missgriffe in so hohem Grade, dass hässlicherweise sogar von Verrath gesprochen wurde.

Von besonderer Bedeutung sind die Erfahrungen, welche man bezüglich der numerischen Stärke der Heere, und der Einfluss, welchen dieser Factor auf den Verlauf und die Folgen des Krieges hat, machte. Obwohl die Stärke der deutschen Feldarmee niemals mehr als 800.000 Mann betrug, genügte dies, um ein so großes Reich wie Frankreich bis zu vollständiger Erschöpfung niederzuringen und zugleich die größten und stärksten Bollwerke, darunter die riesige, befestigte Hauptstadt, zu bezwingen. Die Verluste allein durch den Kampf betrugen auf Seite der Deutschen 6247 Officiere und 123.453 Mann. Die Verpflegung bot, obwohl der Krieg im üppigsten Culturlande geführt worden war, auf beiden Seiten große Schwierigkeiten und traten ernste Störungen ein. Großartig war der Einfluss des Glückes auf der einen und des Missgeschickes auf der anderen Seite, und zwar derart und in so hohem Maße, dass jedes Unternehmen, jeder Schritt der Deutschen sichtlich durch das Glück begünstigt war, während sich den Franzosen das Unglück an die Fersen heftete.

Aber alle diese Thatsachen treten an Wichtigkeit weit zurück gegen die unmittelbaren moralischen, geistigen, dann gegen die materiellen und politischen Folgen dieses Krieges, welche einen solchen Umschwung, so totale Änderungen herbeiführten, wie sie sich bisher ähnlich nur in langen Zeiträumen und nach einer Reihe von Ereignissen wichtigster Art vollzogen.

Das Beispiel der großartigen kriegerischen Thaten und deren phänomenalen Erfolge, welche sich mit geradezu betäubender Raschheit abspielten, führte zu einer tiefgehenden Bewegung im Denken und Fühlen in allen Dingen, welche mit dem Kriege und dem Wehrwesen im Connex stehen. Bei den zunächst betheiligten Völkern trat diese Wirkung am lebhaftesten zutage; bei den Deutschen durch hochaufflammende Begeisterung, bei den Franzosen in aufgestacheltem Fanatismus, in Rache- und Wiedervergeltungsgedanken, in Hass gegen die „prussiens". Auch bei den, den Ereignissen näherstehenden Völkern des continentalen Europas steigerte sich der Thatendrang, der soldatische, ja kriegerische Geist im höchsten Maße derart, dass der Gedanke an die Gefahren und Beschwerden des Krieges, ja selbst der sonst so mächtige Erhaltungstrieb vollständig in den Hintergrund gedrängt ward. Überall war gleichsam der Wunsch rege, auch solche stolze Erinnerungen zu besitzen. Alle diese Gefühle traten in so intensiver Weise auf, dass sie noch heute die betreffenden Völker beherrschen und ihren Geist derart gefangen halten, dass sie zu den kriegerischesten Völkerschaften zählen, welche die Geschichte kennt. Selbst bis in entfernteste und entlegenste Theile der Erde erregten jene gewaltigen Ereignisse staunende Bewunderung.

Es wäre hochinteressant, wenn es einem Gefühlsstatistiker möglich gewesen wäre, diese geistigen und moralischen Folgen des deutschfranzösischen Krieges graphisch, etwa auf eine Erdkarte in Merkator's Projection, nach Art und Intensität in verschiedenen Farbentönen darzustellen. In Frankreich in den dunkelsten Tönen, mit verschiedenen Centren, namentlich Paris, tief dunkel; dann in Deutschland in gleichförmig kräftigem Tone und so fort abstufend bis zu den Antipoden. So drang eine Flutwelle bis Japan, das eben nach europäischer Cultur lechzte, und flugs hatte das kleine Volk seinen großen Krieg mit China.

Auf diese Weise war wieder der Boden gut vorbereitet, ja tief gepflügt für die kommenden Ereignisse, für die außerordentlichen, staunenswerten Wandlungen im Kriegs- und Wehrwesen, welche sich alsbald vollziehen sollten, die geradezu an das Wunderbare reichen. Nun zu den unmittelbaren politischen Folgen des großen Krieges.

Der Wunsch, die Hoffnung, welche seit Jahrhunderten das Herz eines jeden patriotisch denkenden Deutschen höher schlagen machte, waren zur Wirklichkeit geworden und ein großes, starkes, einiges Deutschland geschaffen. Preußen hatte das von langer Hand vorbereitete und hartnäckig verfolgte Ziel mit Aufgebot der größten Machtentfaltung glücklich erreicht. Es ward ihm nicht nur die Hegemonie im deutschen Reiche übertragen, das Haupt seines Königs ziert auch die Kaiserkrone. Fast Alles, was einst unter deutscher Herrschaft stand, war nun wieder vereint und Deutschland zur führenden Macht der Erde geworden, somit das Höchste, was menschlicher Ehrgeiz an staatlicher Macht zu ersinnen vermag, gewonnen.

Da auch Italien zum Einheitsstaat geworden, so waren die großen politischen Fragen gelöst und die Situation in Europa eine günstigere denn je zuvor. Die Staaten Europas waren im großen Ganzen nach Völkern und Nationen unter legalen, freisinnigen Regierungen ausgestaltet, kurz eine geradezu ideale Grundlage für das europäische Gleichgewicht war geschaffen. Furchtbar hingegen war der Schlag, welchen Frankreich erlitten hatte. Welche Demüthigung für die Nation, welche bisher gewohnt war an der »Spitze der Civilisation« zu schreiten. Schwer musste sie es büßen, die Unvorsichtigkeit begangen zu haben, abermals ein Glied der Usurpatoren-Familie der Napoleoniden zum Regenten zu wählen, denn Kaiser Napoleon III. war es, welcher das Land in geradezu unverantwortlicher Weise in diesen großen Krieg verwickelte. Ist es aber nicht Menschen-, nicht Völkerschicksal, auch Missgeschick, auch Rückschläge zu erleiden? Heißt es nicht sich außerhalb der Naturgesetze, außerhalb aller Erfahrungssätze stellen, zu verlangen, dass man stets vom Erfolge begleitet, vom Glück begünstigt sei? Die große französische Nation erwies sich nun vollständig unzugänglich für dergleichen Erwägungen der gesunden Vernunft, warf sich rückhaltlos den Leidenschaften in die Arme und schrieb offen den Wiedervergeltungs-, den Revanche-Gedanken, sowie die Absicht, die verlorenen Gebietstheile wieder zu erobern, auf seine Fahne und — handelte auch demgemäß. Frankreich acceptierte sofort das System der allgemeinen Wehrpflicht und begann mit Hilfe desselben seine Wehrkraft, hauptsächlich der Zahl nach, ganz richtig als rage de nombre bezeichnet, zu vermehren und auch sonst große Kriegsrüstungen zu inscenieren.

Deutschland, dadurch in hohem Grade bedroht, konnte im Interesse der heiligen Sache, die es vertrat, in der Vermehrung der Wehrkräfte nicht zurückbleiben, ja musste bestrebt sein, darin Frankreich zu überbieten. Ursprünglich blieb dieser Wettbewerb in der Verstärkung der Heere umso eher auf diese beiden Staaten beschränkt, als ein Drei-Kaiser-Bündnis mit friedlichen Tendenzen jede weitere Gefahr von anderer Seite ausgeschlossen erscheinen ließ.

Wenige Jahre später änderte sich die Situation. Die Beziehungen zwischen Deutschland und Russland trübten sich ernstlich, während die Annäherung des Czarenreiches an Frankreich für Deutschland die Gefahr eines Doppelkrieges nahe brachte. Hiedurch fand nicht nur das Rüstungswesen neue Nahrung, Deutschland war auch genöthigt, sich nach Bundesgenossen umzusehen. Es wandte sich zuvörderst an Österreich-Ungarn. Kaiser und König Franz Joseph, jeder bitteren Erinnerung an erlittene Unbill ferne stehend, schlug in die dargebotene

Hand. Später schloss sich diesem als Defensivbündnis gegen Russland declarierten Bunde auch Italien an.

Darin fand nun Frankreich Anlass zu neuen, noch viel kräftigeren Rüstungen, Deutschland folgte unentwegt, die Bundesmächte konnten ebensowenig wie Russland zurückstehen und es steigerten sich endlich die Wehrkräfte in so außerordentlichem Maße, dass Deutschland, Frankreich und Russland über eine Heeresmacht von je etwa 5 Millionen, Österreich, das stets maßvoll blieb, dann Italien über je $2^1/_2$ Millionen Soldaten verfügen. Somit würden bei einem allgemeinen Kriege zwischen diesen fünf Staaten circa 20 Millionen Soldaten auf die Beine gestellt werden und von diesen etwa 15 Millionen in den Kampf treten.

Selbstverständlich konnten diese ungeheuren Zahlen nur durch äußerste Ausnützung der gesammten Volkskraft erreicht werden. Es gilt nun zwischen den hochcultivierten, christlichen Staaten als Axiom, dass zur Erhaltung der Machtstellung nicht mehr die Heere, so trefflich und stark dieselben auch sein mögen, hinreichen, sondern dass alle Waffenfähigen der Völker dafür aufgeboten werden müssen; ein kriegspolitischer Grundsatz, der einzig dasteht in der **6000** Jahre umfassenden Geschichte der Menschheit, und einen seltsamen Contrast bildet **gegen die 66 Jahre** früher so ziemlich von denselben Staaten **aufgestellten Principien der „heiligen Allianz"**, wonach „die europäische Staatenwelt nur e i n e große Familie, die christliche Bruderliebe für Fürsten und Unterthanen das höchste Gesetz und die Handlungen der Politik mit den Vorschriften des Religions- und Sittengesetzes ausgeglichen sein sollen".

Der Gedanke der höchsten Machtentfaltung ist aber in diesen Staaten durchaus nicht gleichmäßig vertheilt und vorherrschend. Die Haltung der Staaten steht vielmehr genau in proportionellen Verhältnissen zu den beiden Hauptfactoren: der drohenden Stellung Frankreichs und der Intensität der Kriegsidee.

Frankreich selbst, vollständig von den Leidenschaften erfasst, kennt nur ein Ziel: viele Soldaten, große Massen um jeden Preis, und Alles was zum Kriege gehört, vermehrt und vergrößert.

Deutschland, mächtig, gewaltig, im stolzen Bewusstsein seiner Sieg- und Wehrhaftigkeit, aber doch genöthigt, das ganze Volk in den Dienst des Krieges zu stellen, dann, weil auch im Osten bedroht, Stütze und Anlehnung nach Außen zu suchen, die es auch fand.

Österreich-Ungarn, stark aber besonnen, den Blick auf die Sanierung der exorbitanten Zustände gerichtet.

Italien, im Interesse der neu erworbenen Großmachtstellung und in Bundespflicht veranlasst, unter schweren Anstrengungen das Äußerste zu leisten, obwohl sonst eigentlich von keiner Gefahr bedroht, denn das herrliche Land besucht man lieber als dass man es bekriegt.

Russland, mehr abseits stehend, sich seiner riesigen Kraft bewusst, wahrt sich die Freiheit seiner Entschlüsse, in welche Wagschale es das Brennus-Schwert werfen werde.

Frankreich es vom Hause aus wahrscheinlich zu machen, dass dies zu seinen Gunsten geschehen werde, ist es wahrhaftig genöthigt, da es weder die völlige Zertrümmerung dieses Staates, noch eventuell die schrankenlose Omnipotenz Deutschlands zugeben kann.

So sind denn diese fünf Staaten durch die thatsächlichen und im Falle eines Krieges wahrscheinlichen Bündnisse in zwei Gruppen getheilt, die von der Größe der Verantwortung und der Unsicherheit des Erfolges gebannt, zuwartend und sich beobachtend gegenüberstehen; alle, mit Ausnahme Russlands, in einer Zwangslage.

Noch zweier bedeutsamer Momente im Laufe der nun 25 Jahre währenden Rüstungsepoche ist zu gedenken, wodurch auch erwiesen, wie leicht ein Bruch, eine Störung in dem künstlichen Bau eintreten könne. Mitte der Achtziger Jahre trat in dem General Boulanger eine Persönlichkeit in Frankreich auf, der es trotz der geistigen Inferiorität beinahe gelungen wäre, den Revanchegedanken zum Durchbruch gelangen zu lassen und die Nation zum Kriege aufzustacheln. Die bessere Einsicht gewann aber doch die Oberhand. In eine erbärmliche Liebesaffaire verwickelt, gab sich dieser Mann selbst den Tod. Aber welche Gefahr für Deutschland, für Europa, die bald darauf von neuem, und zwar durch die Haltung Russlands auftrat. Da ließ der führende Reichskanzler Deutschlands seine gewaltige Stimme ertönen, wies auf das Gorgonenhaupt des künftigen Krieges, des Kampfes aufs Messer, bis zum „saigner à blanc". Thatsächlich war dadurch die Gefahr des Krieges abgewendet, aber auch ein neues Motiv für Rüstungen gewonnen. Es hieß, die Stärke der Heere diene als Palladium des Friedens, die Völker wollten nun die Versicherung friedlicher Absichten bei allen schicklichen Anlässen hören, ein aufs äußerte gesteigertes „si vis pacem para bellum".

Dann kam eine Zeit, wo es schien, dass in Frankreich eine versöhnlichere Stimmung Eingang gefunden hätte. Zwischen Deutschland und Frankreich, vielmehr zwischen dem deutschen Kaiser und dem Präsidenten der französischen Republik wurden Aufmerksamkeiten und Dankesworte zu verschiedenen Malen gewechselt. Auch die Sprache der französischen Journale war eine entschieden sanftere und wurde in denselben wiederholt dem Gedanken Raum gegeben, dass die jetzige Generation eine neue sei, die — da sie die für Frankreich so unglücklichen Kämpfe nicht miterlebte, weniger oder gar keinen Sinn mehr für Wiedervergeltung oder Wiedereroberung verlorenen Gutes hätte.

Aus Anlass des Besuches des Czaren in Frankreich, bei welcher Gelegenheit die Waffenbrüderschaft beider Staaten besiegelt wurde, wirbelte die Revanche-Idee von neuem auf und der Chauvinismus trieb neue Blüthen, was auch vielleicht dadurch versinnlicht werden sollte, indem man zum Einzuge des Czaren in Paris die herbstlichen Bäume und Sträucher mit künstlichen Blüthen schmückte.

Der Vollständigkeit wegen wäre noch des russisch-türkischen Krieges 1877—78 und der Occupation Bosniens und der Herzegowina durch österreichisch-ungarische Truppen zu erwähnen. Von glaubwürdiger Seite wird versichert, dass ersterer Krieg nur aus der Ursache geführt wurde, weil Russland — vom Nihilismus bedroht — überhaupt einen Krieg wollte; es hätte längere Zeit bezüglich des zu wählenden Angriffsobjectes, ob Österreich oder die Türkei, geschwankt, bis die Wahl auf die Türkei fiel, wo das altbekannte Ziel, die Gewinnung Constantinopels den Krieg plausibler, den Erfolg sicherer erscheinen ließ. In letzterer Beziehung täuschte sich Russland gründlich und musste die Unterschätzung der Kraft der seit so langem auf den Aussterbe-Etat gesetzten Türkei durch bittere Niederlagen büßen.

Österreich-Ungarn musste aber den blutigen Weg siegreicher Kämpfe beschreiten, ehe es mit der Culturarbeit in jenen Ländern beginnen konnte, die es dann in so glänzender, erfolgreicher Weise durchführte.

Tief eingreifender Natur waren die Veränderungen, welche sich während dieser Epoche im Heereswesen der betreffenden Staaten vollzogen. Vor allem war es die durch Einführung der allgemeinen Wehrpflicht erzielte außerordentliche Stärke der Heere, welche die umfassendsten Vorkehrungen in Betreff der Bereitstellung, der Mobilisierung und Verpflegung nothwendig machten. In dieser Beziehung sind es die Mobilisierungspläne, welche die genauesten Bestimmungen über den strategischen Aufmarsch enthalten und gegebenen Falles gleich einer guten Claviatur functionieren. Noch bedeutsamer sind die Wandlungen im Waffenwesen und ist die Wirkungsfähigkeit der Feuerwaffen in einer Weise potenziert, dass man glauben kann, an der Grenze des Möglichen angelangt zu sein. Das Rückladegewehr wurde in ein Repetiergewehr mit ungemein kleinem Kaliber, großer Treffsicherheit, Tragweite und solcher Percussionskraft umgewandelt, dass ein Geschoss fünf hintereinander stehende Menschen tödten und einen sechsten noch kampfunfähig machen kann. Der Mann wird mit 200 bis 300 Patronen ausgerüstet. Auch das Hinterlade-Feldgeschütz schleudert seine Hohlgeschosse bis auf eine halbe geographische Meile mit großer Präcision. Die Einführung des rauchschwachen Pulvers erhöht die Unsicherheit und die Ungewissheit im Gefechte und gibt demselben sozusagen einen gespensterhaften Charakter.

Infolge der so sehr erhöhten Waffenwirkung empfiehlt sich mehr denn je die geöffnete Gefechtsart, nöthigt zur geschickten Benützung des Terrains, zur Deckung, vermindert aber den Wert der **Cavallerie** als Angriffswaffe und weist sie vorwiegend an den Sicherheits- und Nachrichtendienst. Alle Neuerungen auf technischen Gebieten, die Eisenbahnen, der Telegraph, das Telephon, der Luftballon, das Zweirad, werden Kriegszwecken dienstbar gemacht.

So sind die Heere zu außerordentlich complicierten Kriegsapparaten geworden, deren zweckmäßige und richtige Verwertung und Leitung ganz außerordentliche Anforderungen an die damit betrauten Organe, vor allem an die Oberleitung, an den Feldherrn stellt. Im ganzen Großen hat sich **das Heerwesen** in der Stärke der Heere und in der Wirkung der Waffen während der letzten 25 Jahre ungefähr verzehnfacht.

Kriegsmaxime.

Über Krieg und Frieden ist, der Bedeutung des Gegenstandes entsprechend, schon so viel geschrieben und gesprochen worden, dass kaum etwas Neues darüber geboten werden kann. Wir wollen diesmal der Geschichte das Wort lassen.

Der Krieg ist das größte durch die **Menschen** herbeigeführte Übel. Es ist eine Ungeheuerlichkeit, dass sich Menschen, welche sich nie ein Leid angethan, gegenseitig mit den wirksamsten Waffen versehen, anfallen und auf Leben und Tod bekämpfen. Gegen den Krieg sprechen das Menschlichkeitsgefühl, Religion, Moral, Cultur und Gesittung, Ethik und Ästhetik. Dies sind aber alles Dinge für die Kirche, die Schule, zum Privatgebrauche; in großen Angelegenheiten eine ungangbare Münze, sie finden da nicht die geringste Beachtung. Man sollte glauben, dass das Sinnen und Streben der ganzen Menschheit wenigstens dahin gerichtet sei, den Krieg so selten, so maßvoll als möglich zu gestalten. Mit nichten; immer und überall bleibt die bête humaine »über«.

All' dies ist „graue Theorie". Wenden wir **uns der** Wirklichkeit, dem Thatsächlichen zu, so erkennen wir unschwer, **dass** der Krieg ein im Leben der Völker und Staaten u n e n t b e h r l i c h e r Factor ist und dass der Stand, welchem die Aufgabe der Kriegführung übertragen wurde, mit Recht der angesehenste im Staate ist, denn seine Mitglieder setzen das Höchste, Gesundheit und Leben, für das Ganze ein.

Höchst verschieden sind die Ansichten über den Wert und die Bedeutung des Krieges. Ein gründliches Studium der Geschichte verbreitet darüber Licht.

Zur richtigen Zeit, am rechten Orte, zu hohen Zwecken verwertet, ist der Krieg eine **fördernde, schaffende, ja schöpferische Kraft**. Nichts Großes, nichts Bedeutendes wurde im Staatenleben ohne Anwendung des Krieges geschaffen. In zu großen Dimensionen, zu häufig, zu niederen, verwerflichen Zwecken angewendet, wird der Krieg zur **zerstörenden, vernichtenden Kraft**. Dies beweist das Schicksal der großen Eroberer, die alle einen frühen Untergang fanden und mit ihnen schwanden auch ihre Schöpfungen; dies beweist das Schicksal der Völker, die sich ausschließlich dem Kriege widmeten, von welchen Völkern nur jene zur gedeihlichen Entwicklung gelangten, die sich der **erhaltenden Kraft**, dem Frieden und der Arbeit — pax et labor — zuwandten. Rom fand infolge unersättlicher Eroberungsgier und unausgesetzter Kriege, dann in das andere Extrem, in Verweichlichung und Rohheit, übergehend, seinen Untergang; Griechenland fiel unter fremdes Joch, nachdem es sich durch die hässlichste aller Kriegsarten, den Bürgerkrieg, geschwächt hatte. Die Völker, welche sich zum Islam bekennen, der den Kampf gegen die Ungläubigen fordert, dem sie auch durch Jahrhunderte oblagen, führen nur mehr ein Scheinleben.

So erkennen wir denn im Kriege eine Art Gottesgericht, in welchem jener unterliegt und nachsichtslos verfehmt ist, welcher in der einen oder der anderen Richtung mit diesem gewaltigen Factor Missbrauch treibt. Mit Flammenschrift mahnt die Geschichte Staaten und Völker, gegen das Gesetzmäßige des Krieges nicht zu verstoßen und sich der Extreme zu enthalten. Der Krieg darf also keine die Existenz der Staaten bedrohende Gestalt **annehmen**; er darf kein Vabanque-Spiel mit dem höchsten Einsatze sein und zu Kämpfen führen, welche den Sieger unmäßig hinaufschnellen, den Besiegten aber vernichten. Ebensowenig darf der Krieg ein Schreckensgespenst für die Völker und Staaten sein, diese müssen vielmehr dieser Eventualität als unvermeidliches Ereignis ruhig und wohlvorbereitet entgegensehen. **Die Staaten müssen den Krieg vertragen können.**

In diesem Sinne müssen auch die Vorbereitungen zum Kriege, die Schaffung der Heere durch ein Wehrsystem betrieben werden. Wir finden im Laufe der Jahrtausende alle Arten der Wehrsysteme vertreten. Bei Völkern im Urzustande, wo der Krieg Lebensbedingung, führte jeder dazu Befähigte die Waffe. Mit zunehmender Cultur wurde die Kriegführung einem hiezu bestimmten Stande, dem Krieger- oder Soldatenstande, in den verschiedensten Formen übertragen.

Neuester Zeit griffen die Staaten Central-Europas, unter dem mächtigen Eindrucke der jüngsten Kriegsereignisse, wieder auf die älteste, ursprünglichste Wehrform der Volksbewaffnung, der allgemeinen Wehrpflicht, zurück. Dieselbe wurde, ungeachtet sie außerordentliche Opfer an Gut und Blut fordert, infolge des bei diesen Völkern herrschenden intensiven kriegerischen Geistes ohneweiters acceptiert, ja gewann aus eben dieser Ursache und seines tief demokratischen Principes wegen an Popularität. Die conservative Partei rechnet auf die Disciplinierung der Völker, die freiheitliche Partei auf die Demokratisierung der Armee; die Massen, namentlich die Arbeiterclassen ziehen aus der Disciplinierung Nutzen zu ihren Zwecken. Somit hatte sich dieses System bald eingelebt. Die Frage ist nun, ob es zweckmäßig erscheint, dieses System vollständig auszunützen und die äußersten Consequenzen daraus zu ziehen oder ob es gerathen, ja dringend geboten sei, dies nur in beschränktem Maße zu thun und Erleichterungen eintreten zu lassen.

Dies führt zu Erwägungen über die numerische Stärke der Heere, die von umso größerer Bedeutung sind, als diese Staaten sich einer sehr zahlreichen, dicht zusammengedrängten Bevölkerung erfreuen, daher die Heere nach mehreren Millionen zählen. Es sind hiebei staatliche, politische, culturelle, nationalökonomische etc., vor allem aber militärische Momente maßgebend. Wir wollen nur die letzteren ins Auge fassen.

Die Hauptfactoren der Kriegführung, nach dem Grade ihrer Wichtigkeit genannt, sind: der innere Wert, der Geist, die kriegsmäßige Schulung des Heeres, die Führung durch den Feldherrn und dessen Unterbefehlshaber, die numerische Stärke, die Organisation, durch welche die Friction im Kriege möglichst behoben werden soll, die Bewaffnung etc.

Aber über diesem allen steht — so recht daran erinnernd, wie der Mensch an der Scholle, am Materiellen hängt — die Magenfrage, die Verpflegung, die bei den Massenheeren trotz Eisenbahnen und anderen technischen Hilfsmitteln, namentlich in minder cultivierten Ländern, ganz besondere Schwierigkeiten bieten wird.

Den ersten und wichtigsten Factor anbelangend, so leidet derselbe sichtlich bei numerisch überstarken Heeren. Die Dienstzeit unter der Fahne ist eine kurze, reicht kaum hin, um der Mannschaft und den Unterofficieren die nothwendigsten militärischen Kenntnisse beizubringen. Vieles davon ist bald verraucht, bei der Mobilisierung wird daher der überwiegend größere Theil der Leute noch nicht oder nicht mehr genügend ausgebildet und geschult sein. Welch' große Aufgabe fällt da im Kriege den Officieren zu, von welchen ein Theil, die Reserveofficiere, doch auch nicht vollständig im Kriegsdienste gefestigt ist; die ihnen gewiss nicht fehlenden moralischen Eigenschaften werden dies nicht ausgleichen können. Bei der so sehr gesteigerten Wirkung der modernen Waffen fällt dies alles umso schwerer ins Gewicht.

Bezüglich des zweiten Factors ist zu bemerken, dass mit der übergroßen Zahl sich die Schwierigkeiten der Führung in geradezu geometrischer Progression steigern werden und an den Feldherrn treten dadurch ganz außerordentliche Anforderungen heran. Scheiterte — wie erwähnt — doch das Kriegsgenie eines Napoleon I., ein Heer von 600.000 Mann zu leiten, und 1870 bedurfte es zur Lösung der gleichen Aufgabe, unter den günstigsten Verhältnissen und von dauerndem Glücke begleitet, eines Moltke. Solch' gottbegnadete Persönlichkeiten, welche den höchsten Anforderungen, die überhaupt an den Menschen herantreten können, entsprechen, sind äußerst seltene Erscheinungen. Mehr als 5—600.000 Mann auf einem Kriegsschauplatze unter einem Feldherrn zu versammeln, erscheint überhaupt nicht räthlich. Die Millionenheere müssen daher nach Kriegsschauplätzen, eventuell Angriffsfronten getheilt werden, dies fordert also zwei, drei, ja vielleicht sogar einen vierten, mit Feldherrngenie begnadeten Obergeneral. Ist man da zur Hoffnung berechtigt, dass diesen Bedingungen entsprochen werden kann? Und wie ungemein schwierig ist trotz Telegraph und Telephon die Centralleitung der Armeen nach einem einheitlichen Gedanken! Man sieht, die beiden wichtigsten Factoren der Kriegführung sind durch die allzugroße numerische Stärke der Heere in ungünstigster Weise alteriert.

Erwägt man ferner den Verlauf und die Folgen des Massenkrieges, so findet man, dass schon durch die Mobilisierung die gesellschaftliche Ordnung bis auf den Grund aufgewühlt und Handel und Wandel tief erschüttert werden. Im Laufe des Krieges wird sich die allgemeine Erregung ins Ungemessene steigern, bei dem Sieger in günstiger, bei dem Besiegten in niederschmetternder Weise. Welch' dauernde nachhaltige Folgen dies hat, beweisen jene des deutsch-französischen Krieges, der sich ja doch im Vergleiche mit den Zukunftskriegen in geradezu kleinlichen Formen abspielte. Wenn nun schon der Einsatz ein so großer, so muss der Völkerkrieg auch in seinen vollen Consequenzen durchgeführt werden und nicht eher enden, als bis der Gegner bis zur Vernichtung, bis zur völligen Wehrlosigkeit auf absehbare Zeit niedergetreten sein wird, wie dies ja auch nach der Tendenz des „saigner à blanc" beabsichtigt ist.

Die Verluste auf den Schlachtfeldern und durch Krankheiten werden proportional groß sein, daher auch an die Million heranreichen. So scheint denn die Warnung Moltke's[1] vollständig gerechtfertigt, die da lautet: „Schlimm genug, wenn sich die Armeen zerfleischen müssen; man führe doch nicht die Völker gegeneinander, das ist kein Fortschritt, sondern ein Rückschritt zur Barbarei". Aus diesen und vielen anderen Äußerungen Moltke's geht übrigens hervor, dass diesem Kriegsgewaltigen trotz allem, gleich wie einem geschickten, theilnahmsvollen Chirurgen, das Herz wehe that über das Kriegsgetümmel, dessen die Menschen nicht entrathen können, — wahrhaftig, es bedarf auch des im herrschenden kriegerischen Furor gestählten Herzen!

So lassen selbst diese flüchtigen militärischen Erwägungen erkennen, dass es dringend geboten erscheint, das Schwergewicht der Rüstungen nicht auf die numerische Stärke, sondern auf die innere Tüchtigkeit und Gediegenheit der Heere zu legen, so dass diese ein unter allen Umständen verlässliches, das größte Vertrauen erweckende Werkzeug in der Hand des Feldherrn bilden. Im Eifer für die Sache ausgesprochene Trugschlüsse führen da leicht auf Irrwege. So enthält ein vielverbreitetes neueres Werk[2]) den Ausspruch: »Je edler und schöner sich das Leben eines Volkes durch Cultur, Wissenschaft, Kunst, Reichthum gestaltet, desto mehr hat es im Falle eines Krieges zu verlieren, und folgerichtig wird es auch desto mehr darauf bedacht sein müssen, sich gehörig für den Kampf zu rüsten« — wir fügen dazu bei: allerdings, aber in umso gediegenerer, vorzüglicherer Form. Dann: „Es ist jedenfalls etwas vollkommen Natürliches, wenn die großen Culturvölker der Gegenwart ihre kriegerischen Rüstungen mehr und mehr vervollständigen, um im Nothfalle einen rücksichtslosen Gebrauch aller ihrer Kräfte machen zu können".

Diesem nach sollte also die Parole lauten: Je mehr Cultur, desto großartigere Rüstungen. Welch' erschreckender, grauenhafter Ausblick in die Zukunft! Da die Menschheit in der Cultur stets fortschreiten will, so würden die im gleichen Maße sich steigernden Rüstungen die Culturstaaten in ein ungeheueres Kriegslager umgestalten und der Zukunftskrieg würde in einen allgemeinen Vernichtungskampf ausarten. Da müsste man wünschen, dass die Menschen noch recht lange nicht in jenes ideale Stadium der Cultur und — der allgemeinen Kriegsfurie gelangen.

Fordert schon Cultur und Gesittung überhaupt Mäßigung des Menschenkampfes, so gebietet auch die Staatsraison, den Krieg nicht

---

[1] Brief an seinen Bruder Adolf, 27. October 1870.

[2] Wir nennen weder das Werk, noch den Autor, denn wir stehen jeder Polemik ferne. Es handelt sich doch nur darum, ob ein Gedanke zutreffend sei oder nicht, und ist es irrelevant wo und vom wem derselbe zum Ausdrucke gebracht wurde. Aus gleichem Motive erscheint auch die vorliegende Schrift anonym; der Name ist nichts, die Idee alles.

aufs Äußerste zu verschärfen, so dass von seinem Ausgange die Existenz des Staates abhängt. Durch die Massenhaftigkeit der Heere wird, wie nachgewiesen, die Unsicherheit und Ungewissheit über den Verlauf und den Ausgang des Krieges vermehrt. Es werden somit die köstlichsten Güter der Menschheit den größten Gefahren der Vernichtungskämpfe mit erhöhter Unsicherheit der Chancen ausgesetzt.

Die Schlussfolgerung muss also lauten: Je höher die Cultur, desto gediegener, verlässlicher, kriegstüchtiger muss das Werkzeug des Krieges, das Heer, gestaltet und eingerichtet werden. Dies kann nur bei maßvoller Stärke, die eine Veredlung des Heeres möglich macht, der Fall sein. Immer und überall siegten tüchtige Heere unter guter Führung über die minderwertige Truppe in mitunter zehnfach überlegener Zahl. Seitdem die Friedenssehnsucht bei den Völkern so sehr überhand genommen, ohne dass dadurch der vehemente kriegerische Geist derselben abgenommen hätte, sieht man in den erhöhten Kriegsrüstungen das Mittel, den Frieden auf absehbare Zeit zu erhalten, indem man vor dem Zukunftskriege mit seinen unberechenbaren Folgen zurückschreckt. Der fünfundzwanzigjährige Friede scheint dies zu bestätigen. Man gibt sich damit einer vollständigen Täuschung hin. Abgesehen davon, dass thatsächlich während dieser Zeit zweimal der Ausbruch des Krieges vor der Thür stand, so gibt es überhaupt kein verlässliches Palliativ gegen den Krieg. Denn so wenig als der Krieg aus der Welt zu schaffen ist, ebensowenig liegt es in der Macht der Menschen, zu bestimmen, wann und wo die Kriegsfurie entfesselt wird. So lange der Mensch den Leidenschaften, Wahnideen, Irrungen, vorgefassten Meinungen, Empfindlichkeiten u. dgl. unterworfen ist, kann sich kein Sterblicher abends zur Ruhe begeben, ohne nicht besorgen zu müssen, dass nicht gleichsam über Nacht der Kriegsbacillus in die Menschen gefahren und der Krieg in jener Art und in jenem Umfange losbricht, wie die herrschende Kriegsidee und die getroffenen Vorbereitungen es bedingen. Zahllos waren die Motive, welche Herrschern und Völkern Anlass zum Kriege gaben und der beiweiten größere Theil derselben wurde aus nichtigen oder gar verwerflichen Motiven, aus unstillbarem Ehrgeiz, Eroberungslust, zu persönlichen Zwecken geführt. Es wird sich ja doch niemand dem Gedanken hingeben, dass es plötzlich anders werden soll, als wie in dem ungeheueren Zeitraume, welcher die Weltgeschichte umfasst, dass man imstande sei, durch derlei Mittel in die Speichen des Weltenrades eingreifen und es zum Stillstande bringen zu können. Gelänge es aber thatsächlich, den Krieg auf absehbare Zeit zu vermeiden und überlangen Frieden zu schaffen, so verfällt man in ein Extrem, das neue, bedeutende Gefahren bringt. Der Mensch verträgt allzulange Friedenszeit nicht. Die nimmer rastenden Völker werden entweder durch Parteiungen oder Spaltungen im Innern geschwächt, subversive Tendenzen nehmen überhand und bedrohen endlich die staatliche Ordnung durch die Revolution, wie nach der langen Friedensepoche in der ersten Hälfte unseres Jahrhunderts. Noch größer ist die Gefahr für das Heer, denn ihm wird das Lebenselement, der Krieg, dauernd entzogen, und auch hier gilt das Sprichwort von der Pflugscharre, die ungebraucht rostet.

Diesen Gedanken gibt auch das militärische Werk, von dem wir schon sprachen, Ausdruck, indem es sagt:

„Einst wird der Tag kommen, wo die jetzt im Kriege herrschenden Erscheinungen schwinden, wo Form, Gebrauch, Ansichten wieder wechseln. Lässt man den Blick in die Zukunft schweifen, so ahnt man selbst eine Zeit, wo die Millionenheere der Gegenwart ihre Rolle ausgespielt haben. Ein neuer Alexander wird erstehen, welcher mit einer kleinen Schaar trefflich gerüsteter und geübter Männer die kraftlosen Massen vor sich hertreibt, wenn diese in dem Bestreben, immerfort anzuwachsen, die richtige Grenze überschritten, die innere Tüchtigkeit verloren und sich wie das Grünbannerheer der Chinesen zu einem zahllosen, aber friedfertigen Spießbürgerschwarm verwandelt haben."

Man kann wohl nicht leicht in drastischerer und zutreffenderer Weise die Nachtheile und Gefahren, welche in den Massenheeren einerseits und in dem ewig langen Frieden andererseits liegen, charakterisieren, als es mit den vorstehenden Worten geschieht, Gefahren, welche vermieden werden, wenn man das Schwergewicht der Rüstungen auf die Tüchtigkeit der Heere und nicht auf deren numerische Stärke legt, wenn die Heere selbst wieder in ihr Recht gesetzt, den Krieg zu führen und endlich dieser selbst den richtigen Charakter erhält.

In begreiflicher Reaction gegen die hochgehenden Wellen des kriegerischen Geistes der Völker und der daraus resultierenden Schöpfungen der Millionenheere hat sich aus den besten Kreisen der Bevölkerung eine ansehnliche Partei gebildet, welche für die Idee des Weltfriedens und der Schlichtung aller zwischen den Völkern und Staaten entstehenden Streitigkeiten durch internationale Schiedsgerichte eintritt und in dieser Richtung eine lebhafte und erfolgreiche Thätigkeit entwickelt. Es bildeten sich zu diesem Zwecke in allen civilisierten Staaten Vereine und Gesellschaften mit einer Centrale in London. Muss man auch im Hinblick auf die Weltgeschichte und die Geschichte des Krieges jede Hoffnung auf Erfüllung solcher utopischer Wünsche absprechen, so ist doch den edlen Bestrebungen alle Beachtung und Achtung zu zollen. Der Realisierung dieser Idee müsste eine Änderung der Natur des Menschen, eine Besserung in seinem Drange zum Kriege vorausgehen. Dazu ist aber nicht die leiseste Hoffnung vorhanden, indem wir ja eben das Beispiel vor Augen haben, dass fünf Culturstaaten Europas wieder auf die älteste, härteste Wehrform zurückgegriffen und die Basis geschaffen haben, dass die künftigen Kriege den Charakter von Volkskriegen haben werden. Bei den Völkern dieser fünf Staaten sind nun in Bezug des Krieges dreierlei Strömungen vorhanden, die ungeachtet ihrer diametralen Gegensätze fortbestehen und fortwirken, und zwar der Krieg in seinen denkbar schärfsten und großartigsten Form, der Drang und innige Wunsch nach Frieden unter Beibehaltung des allgemeinen Rüstungszustandes, diesen vielmehr als Schreckmittel ausnützend, endlich die absolute Friedensidee.

Wie dies alles gekommen, wie durch den mächtigen Einfluss großer kriegerischer Erfolge die Kriegsbegeisterung heftig aufwallte und bei den zunächst betheiligten Völkern sich tief einwurzelte, wie eines dieser Völker mit der Gewalt höchster Leidenschaft dem Rachegedanken nachlebt und durch fortwährende großartige Kriegsrüstungen die anderen Staaten zwingt oder doch nöthigt, ein Gleiches zu thun, wie dann der Moment eingetreten ist, wo die Völker vor dem, was sie selbst geschaffen hatten, erschraken und sich dem dringenden Begehren nach **Frieden zuwandten**, wie nun eine Zwangslage geschaffen, aus der sich zu befreien man keine Miene macht; dies alles wurde in der vorstehenden Skizze der Geschichte des Krieges dargethan. Es gibt dies aber den Beweis, wie herrschende, scharfe Extreme zu den schwierigsten Situationen führen und wie schwer es den Menschen wird, den „goldenen Mittelweg" einzuschlagen, der hier offenbar in der Mäßigung, in der Eindämmung der Kriegsidee und des Kriegswesens liegt, dadurch dem Kriege jenen Charakter als fördernde Kraft verleiht, welchen er bei Culturvölkern stets haben soll, endlich der Armee die gebührende Stellung als Organ der Kriegführung einräumt.

Rundschau.

Ein historischer Überblick auf die fünf Großmächte Centraleuropas in ihren Beziehungen zum Kriege und der Verwertung desselben zu staatlichen Zwecken ist geeignet, die aufgestellten Kriegsmaximen zu bekräftigen und gewährt gleiches Interesse in dem, was geschah, so wie in dem, was leicht hätte geschehen können, aber unterlassen wurde.

Österreich-Ungarn, das große, herrliche Reich, welches alle jene Länder und Völker Mitteleuropas, die sonst längst im großen Weltgetriebe und in den Völkerstürmen untergegangen wären, oder doch ihre Individualität eingebüßt hätten, mit gleicher Liebe, mit gleichem Recht und gleichem Schutze umfängt. Vom Klima begünstigt, wechseln weite Gefilde fruchtbarer Ebenen und Hügellandes mit vegetationsreichen, gut besiedelten Gebirgen. Überall findet die Bevölkerung, wenn auch meist durch harte Arbeit, die Bedingungen zur gedeihlichen Entwicklung, mit welcher die geistige Bildung gleichen Schritt hält. Es sind brave, tüchtige, kernige, wehrhafte Völker, willig und geduldig wo nicht künstlich Leidenschaften in sie hineingetragen werden: treffliche Soldaten je in ihrer Art, der ruhige, ausdauernde Deutsche, der treue, gehorsame Slave, der feurige Ungar, alle herzhaft und tapfer.

Die älteste Dynastie Europas, das erhabene Geschlecht Habsburg und Habsburg-Lothringen, seit mehr als 600 Jahren zugleich Kaiser und Schirmherr des Deutschen Reiches, herrscht über das vielgegliederte, doch fest vereinigte Reich mit Fürsten wie: Kaiser **Rudolf**, der „geendigt nach langem verderblichen Streit — die kaiserlose, die schreckliche Zeit,‘ Kaiser **Maximilian I.**, der den „ewigen Landfrieden‘ schuf, Kaiser **Karl V.**, der Schöpfer des „goldenen Zeitalters‘, in seinem „Reiche gieng die Sonne nicht unter‘, Kaiser **Leopold I**, von der Geschichte verkannt, der „Krone und Reich opfern wollte, ehe er einen schmachvollen Frieden eingienge‘; die „große Kaiserin‘ **Maria Theresia** und Majestät Kaiser **Franz Joseph I.**, Sterne erster Größe unter den Monarchen, welche die Weltgeschichte nennt. Alle große Charaktere von edlem, ritterlichem Wesen: niemals von einem anderen Motiv geleitet, als der Sorge für das Wohl und Gedeihen ihrer Völker, aber tapfer, wehrhaft, kraftvoll, wenn es galt mit den Waffen für die Interessen ihrer Machtgebiete einzutreten. Und dieser Aufgabe wurden sie stets gerecht in ihrer doppelten Eigenschaft als Fürsten ihrer Stammländer und als Kaiser und Schirmherren, des vielgespaltenen „heiligen römischen Reiches deutscher Nation‘, theils in inneren Kriegen, theils gegen den „Erbfeind,‘ im Westen, Frankreich, und gegen den Erbfeind im Osten — die Türkei, fast immer abwehrend, nie provocirend.

Seit dem Jahre 1495 hatte Österreich dreiundsechzig Kriege von verschiedener Dauer zu führen und zwar: gegen Frankreich 22, in Italien 10, gegen die Türkei 9, gegen Preußen 5, Spanien 4, Bayern 3, Schweden, Dänemark und Tunis je 2, gegen Sachsen und die Schweizer Eidgenossenschaft je einen; ebenso war Österreich vom Verhängnis nur einmal genöthigt, gegen Russland, gegen seinen oftmaligen Verbündeten, und zwar 1812, Krieg zu führen.

Seit 1601 bis in die Neuzeit hatte Österreich nur 126 Friedens-, dagegen 160 Kriegsjahre. In den 182 Schlachten blieb in 97 derselben Österreich Sieger, in den 239 Treffen siegte es 115, von den 5119 Gefechten gewann es 2250; bei den 1299 Festungskriegen blieben die Österreicher fast immer im Vortheile. Die Gesammtverluste nur durch den Kampf betrugen ungefähr 300 Generale, 18.000 Officiere, 1,100.000

Mann. Diese Zahlen sprechen umso deutlicher, wenn man bedenkt, dass fast alle diese Kämpfe Österreich aufgedrungen wurden und nur jener Krieg, welchen es 1809 im gerechten Zorne gegen die maßlose Eroberungslust und Bedrängung Napoleon's I. führte, eigener muthvoller Initiative entsprang.

Da kam das Jahr 1866 mit seinem Entscheidungskampfe über die Stellung Österreichs und seines Kaiserhauses in Deutschland Muthig tritt Österreich in den unvermeidlichen Doppelkrieg. Das Schlachtengeschick entschied gegen Österreich und — das war gut.

In den Jahren vor diesem Ereignis reichte Österreichs Machtsphäre wechselnd von der Eider bis zu den Donaumündungen, vom Rhein bis zum Arno. Welch' außerordentliche Anforderung, welche Zersplitterung seiner Kräfte! Jeder Versuch, auch ein solcher, welchen der Kaiser persönlich unternahm, um eine Einigung Deutschlands auf friedlichem Wege zu erzielen, scheiterte nach wie vor an der Unbeugsamkeit der deutschen Fürsten und — an dem überlegenen Einflusse Preußens: — Eine abgrundtiefe Spaltung war in Deutschland eingetreten, ein furchtbarer Bruderkampf stand vor der Thür; zur Ehre beider Rivalen sei es gesagt, beide unterließen es, auf die schwankenden Theile agitatorisch einzuwirken. Wenige Stunden auf dem Schlachtfelde, ein verfehltes Manöver auf Seite Österreichs, ein überaus glückliches auf der Seite Preußens und es ward geschehen. Österreich war der kaum mehr zu erfüllenden Aufgabe entbunden und — sich selbst zurückgegeben. In heroischer Seelengröße fügte es sich dem Unabänderlichen und begann mit allem Feuereifer voll und ganz sich selbst zu widmen und an die Arbeit zu gehen, sich in jeder Richtung zu stärken, auszubauen und zu festigen.

Nur wenige Jahre waren verflossen und es trat erneuert an Österreich die Frage heran, welche Haltung es gegenüber Deutschland zu beobachten habe. Welche Verlockung, der Erbfeind Preußen, das noch unfertige Deutschland, war von dem gewaltigen Cäsarenreich, von Frankreich, angegriffen worden. Hei! welche Gelegenheit, an dem bitterbösen Feinde Rache zu nehmen, ihm in den Rücken zu fallen, dafür auch, und wenn es einen hohen Preis gälte, eine dritte Macht, vielleicht Russland, zu gewinnen. Aber Österreich-Ungarn — sein Kaiser und König widerstand dieser Verlockung — das ist antike Seelengröße, das ist Klugheit und Besonnenheit. So erkennen wir in der Haltung Österreichs und seines Kaisers eine Reihe von Thatsachen, die ganz und voll zu würdigen erst späteren Zeiten, bei entsprechender Perspective, vorbehalten ist.

1850 senkte es siegesgewiss das Schwert in die Scheide, 1866 tritt es Mann gegen Mann in den loyalen Krieg, es fügt sich dem harten

Schicksale, **1870** verschmäht es jedem unedlen, jedem Rachegedanken Raum zu geben — wie steht es nun groß da — im Vergleiche zu Frankreich riesengroß. Der Schlussstein aber krönt das Werk: Österreich-Ungarns Monarch schließt mit dem glücklicheren einstigen Rivalen auf dessen Verlangen ein Bündnis, die gemeinsame Machtfülle stützend, erweiternd.

Österreich-Ungarn wendet sich mit voller Kraft seiner **neuen Aufgabe** zu. Zweigetheilt, aber die Theile sich gegenseitig ergänzend, fest aneinander gekittet durch gemeinsame Interessen, gemeinsames Streben, gemeinsame Wehrkraft, unter gemeinsamem, hochherzigem, großem Monarchen. Die neue Aufgabe ist von etwas beschränkterem Umfange, aber von nicht geringerer Schwierigkeit. Freiheitliche Institutionen sollten neues Leben schaffen. An solchem sollte es wahrhaftig nicht fehlen. Wie aus gewaltiger Springquelle flutheten die Wünsche, Hoffnungen, Begehren und Forderungen der Länder und Völker, der verschiedenen Stände, ungezählter politischer, nationaler, socialer Fractionen gegen die Regierungen heran. — „Den lieben Gott da droben — es können ihn alle zugleich nicht loben — Einer will die Sonn', die den ander'n beschwert — Dieser will's trocken, was jener feucht begehrt . . .‟ Und so sprudelte und quoll es fort bis zu heutigem Tage. Das ist Leben und Bewegung der vorwärts strebenden Völker, schaffenden Geistes. — Nur die Ideen sollen nicht rückwärts schreiten. Gefährlich für Staat und Armee wäre jene Parteiung neuester Zeit, mit Tendenzen, wie religiöser Zwist — Rassenhass! Es ist aber mit Sicherheit zu hoffen, dass dies eine vorübergehende Erscheinung. Die kräftige Natur der Völker wird sie abstoßen, wie ein gesunder Mensch den lästigen Schnupfen, die fatale Grippe abstößt, ohne weitere nachtheilige Folgen.

So lautet denn die Parole durchwegs „vorwärts‟ und sehen wir auch auf allen Gebieten geistigen Strebens, der Wissenschaft und Kunst, der Industrie, des Handels und Verkehres, der Gesetzgebung den lebhaftesten Aufschwung und die Hebung des Wohlstandes.

In Bezug der Heereseinrichtungen war Österreich-Ungarn genöthigt, ebenfalls zu kräftigen Rüstungen auf Basis der allgemeinen Wehrpflicht zu schreiten. Es geschah dies in maßvoll besonnener Weise und es bedürfte hier nur einiger kräftiger Befreiungs- und Enthebungs-Paragraphe des Wehrgesetzes, namentlich im Interesse der dem Staate sonst nützlichen Intelligenz, um die noch ferner wünschenswerte Mäßigung zu erzielen.

Vorwärts heißt es auch bei der Armee. Unberührt von den vielfachen politischen, socialen und nationalen Fluctuationen steht sie da, wie, um mit Radetzky zu sprechen, „der Fels im brandenden Meere‟, von rastlosem Schaffen, von regster Pflichttreue durchdrungen und von jenem ritterlichen Geiste durchweht, der von den Spitzen der Armee, voran der allerhöchste Kriegsherr, dem auch sonst die Herzen seiner Völker in so inniger Liebe entgegenschlagen, wie es noch niemals einem Sterblichen beschieden war. So wandelt denn Österreich-Ungarn unter Führung seines erhabenen Herrscherhauses die Wege des tapferen Ritters, des edlen Weisen und prophetisch klingen die Worte: »Austria erit in orbe ultima« — Österreich wird bestehen bis ans Ende der Welt.

Deutschland, das Wunderreich, mehr als 1000 Jahre getrennt, getheilt, zersplittert und doch vom gleichen Geiste durchweht, vom tiefen Gefühle der Zusammengehörigkeit getragen. Wenige Jahre, und die schaffende Kraft zweier kurzer, gerechter Kriege genügte, um es wie aus einem Gusse als mächtiges, großes, gewaltiges Reich wiedererstehen zu lassen, das Herz Europas — der Welt! Von Mutter Natur in jeder Beziehung begünstigt, scheidet sich wohl der Norden durch rauheres Klima, rauheren Boden von dem üppigeren, lieblicheren Süden, nicht ohne Einfluss auf die Bewohner deren Hauptcharakterzug der gleiche: brav, gediegen, arbeitsam, pflichttreu und wehrhaft. Aus solchen Menschen wird bald der beste Soldat der Welt!

Wie es Jahrhunderte lang durch die schützende, wehrende Hand der Kaiser aus dem Hause Österreich von den von Osten und Westen her andringenden Gefahren bewahrt, in seiner Vielgetheiltheit stetig fortschreiten konnte, wurde erzählt.

Nun interessiert uns zunächst die Entwicklung Preußens. Das Erblühen Preußens aus eigener Kraft, von kleinen Anfängen bis an erste Stelle, geleitet durch seine Fürsten aus dem erlauchten Hause Hohenzollern, allerdings auch dauernd durch das Glück begünstigt, ist und wird für alle Zeiten und alle Völker als leuchtendes Beispiel zielbewussten edlen Strebens, klugen, energischen Handelns zu staatlichen Zwecken bleiben. In der Folgereihe der Fürsten alternierten fast mit Gesetzmäßigkeit solche mit vorwiegend impulsivem, kriegerischem Charakter und solche, welche mehr der friedlichen und geistigen Entwicklung zugeneigt waren. Die Kriege, welche Preußen zur Erreichung seiner hohen Ziele führte, blieben stets maßvoll und selbst das Kriegsgenie König Friedrichs II. begnügte sich mit der Eroberung Schlesiens So gelang das stufenweise, doch entschiedene Fortschreiten in Größe und Bedeutung dieses Staates bis zur führenden Macht in Deutschland so vorzüglich; dazu der hohe geistige Aufschwung, die große Wehrhaftigkeit — kurz ein Athen und Sparta zugleich. Nur einen Rückschlag erfuhr Preußen in seiner Ruhmeslaufbahn 1806 durch Napoleon. Als aber des Welteroberers Macht in Russland erschüttert ward und ganz Deutschland sich zum Befreiungskampfe vom napoleonischen Joche erhob, da waren es patriotische Männer in Preußen, die es dahin brachten, dass das ganze Volk unter die Waffen gerufen wurde. Damit war der Grundstein zu jener stärksten Wehrform, des Systems der allgemeinen Wehrpflicht gelegt, welche Preußen ungeachtet vieler und ernster Anfechtungen aufrechterhielt und dadurch 1866 und 1870/71 eine relativ große Stärke der Heere errang. Das erhabene Ziel war erreicht, Deutschland unter der Oberhoheit Preußens war hergestellt. Man hätte glauben können, dass, gleichwie der Arzt sein scharfes Instrument nach vollzogener Operation beiseite legt, auch diese überscharfe Wehrform als „Mohr, der seine Schuldigkeit gethan" — nun „gehen kann", einem anderen maßvolleren Wehrsystem den Platz hätte räumen sollen, wie es den christlichen Culturstaaten angemessen gewesen wäre. Es kam, wie bekannt, anders. Frankreich hatte sich jenes Systems der höchsten Ausnützung der Volkskraft zugunsten der Revanche-Idee bemächtigt, die erwähnte Rüstungsperiode begann und bald waren die Millionenheere geschaffen.

Unter solchen Umständen konnte Deutschland von diesem Systeme nicht ablassen, wo es durch den so sehr gesteigerten kriegerischen Geist Nahrung fand und gab man sich dem erhöhten Rüstungszustande nicht nur aus regem Pflichtgefühl, sondern auch mit einem gewissen Behagen hin.

Auch heute noch fließt in den Adern des Deutschen zu unverfälschtes teutogermanisches Blut, als dass nicht Sitten und Gebräuche, Gefühle und Gesinnungen der Stammeltern an jene übergegangen sein sollten. Als solche kennen wir, nebst „Wertschätzung des guten Tropfens" in verschiedenen Formen, einen unstillbaren Thatendrang, ja Kampfeslust, Eigenschaften, die durch akademische Gebräuche großgezogen und gesteigert, oft selbst bis in das höchste Menschenalter hinauf aufrecht bestehen. Diesen Eigenschaften entspricht nun der gesteigerte Rüstungszustand in hohem Maße. Selbst der friedfertigste Bürger wirft gerne einen liebevollen Blick nach der Waffe im Winkel, als nach dem „Glück im Winkel". Und doch — nebst der Waffe — stehen auch die Gefahren im Winkel. Zuvörderst des Völkerkampfes, herausgefordert durch das Kriegsprogramm Frankreichs, durchgeführt durch einen zweiten Boulanger. Mit voller Kampfeslust wird selbstverständlich das deutsche Volk für die heilige Sache des Vaterlandes eintreten und die glänzende Siegeslaufbahn wieder beschreiten, die Gegner im Westen wie im Osten bis zur Vernichtung schlagen, niederschmettern, niedertreten — bis zur Blut-, zur dauernden Kraftlosigkeit; — was aber dann: Millionen auf beiden Seiten, die Blüthe des Volkes an Todten, Krüppeln, Siechen und — der *status quo ante*? Wie wird die Antwort lauten auf den Ausruf der Besiegten: *Ave, Imperator, morituri te salutant*? Und wenn diese Eventualität nicht eintritt, wenn endloser „fauler" Frieden ins Land zieht und sich hier dauernd sesshaft macht? Wie lange wird selbst die begeistertste Wehrhaftigkeit dem allmächtigen Zahne der Zeit Widerstand leisten? Nein nein, auch das edle, große, kriegsgewaltige deutsche Volk wird den Tag segnen müssen, an welchem die Möglichkeit eingetreten sein wird, dankerfüllt für seine Opferwilligkeit ihm die Waffe theilweise abzunehmen und die hohe Aufgabe, das Vaterland zu schirmen und zu wahren, vertrauensvoll wieder in die Hände des Heeres zu legen, diesem herrlichen Cyklopenbau, gefügt aus Pflichttreue, heldenhaftem Geist, hoher Intelligenz und unbegrenzter Hingebung für Monarch und Vaterland.

Ein Ereignis hochinteressanter Art gibt Anlass, diese Wandlung, welche je eher, desto besser eintreten möge, bildlich versinnlicht, zu vergegenwärtigen.

Vor einiger Zeit erschien im Wege der Öffentlichkeit ein künstlerisch vorzüglich ausgeführtes Bild, dessen geistiger Urheber Se. Majestät der deutsche Kaiser und König von Preußen ist, unter dem Motto: „Niemand zu Liebe, niemand zu Leide", eine Allegorie **des Friedens.**

Man erblickt auf der Zeichnung einen tempelartigen Bau, unter dessen säulengetragener Halle im Hintergrunde allegorische Gestalten der Beschäftigungen und Künste des Friedens sichtbar sind. Am Eingange zur Halle steht in ruhiger, **stolzer Haltung** ein gewappneter Ritter, umgürtet mit dem Schwerte in der Scheide und mit gesenktem Schilde; der heilige Michael. Gegen die Stufen des Friedenstempels stürmen vergeblich, vom Anblicke des Ritters zurückbebend, Dämonen- und Teufelsgestalten; die Feinde der gesellschaftlichen Ordnung.

Wird dieser Ritter mit gezücktem Schwerte, mit gehobenem Schilde dargestellt, so sei damit das Bild in eine Allegorie des Krieges gewandelt.

Also nicht mit der überwuchteten Keule, nicht mit dem niederschmetternden Streitkolben, sondern wie unsere Altvorderen, gerüstet mit Schwert und Schild mögen die Staaten, wenn es sein muss, in den Krieg, vor das Gottesgericht der Weltgeschichte treten.

Die Figuren rückwärts in der Tempelhalle sollen aber bei ihrer Arbeit bleiben, fleißig, recht fleißig sein, damit sich und den braven Ritter möglichst guten Lebensunterhalt und alles Nothwendige gewähren, damit er sein Rüstzeug, Schwert und Schild in bestem Zustande erhalten könne.

Dass aber Deutschland und Europa sich seit so langer Zeit des Friedens erfreuen, ist, nebst dem gnädigen Gott, der Friedensliebe **der deutschen** Kaiser aus dem Hause Hohenzollern zu danken, denn die Haltung Frankreichs ist während der letzten 25 Jahre eine derartige, dass sie reichlich die Kriegserklärung Deutschlands rechtfertigen würde, mit dem Zwecke, den Druck, den Frankreich auf das deutsche Reich, auf ganz Europa ausübt, gleich einem lästigen Joche abzuschütteln. Es wäre dies ein Kriegsmotiv, an welches die Geschichte und wenn sie aus sternenweiter Perspective urtheilen wird, keinen **Tadel** knüpfen könnte.

Dieses unsterbliche Verdienst theilt in noch höherem Grade des jetzigen Kaisers Majestät, wo Jugend und impulsive Kraft überwiegen. Vielmehr wurden gerade von dieser Seite in jüngerer Zeit wiederholt Frankreich Beweise freundlicher Theilnahme und gütigen Entgegenkommens gegeben, Perlen, die in den Fluthen des Chauvinismus wieder untergingen, wenn sie auch von den Regierungsmännern und der gemäßigten Journalistik mit freudigem Danke entgegengenommen wurden. Wann wird sich endlich Frankreich für solch' werthvolle, edelmüthige Spenden empfänglich erweisen und wann wird sein Herz wieder menschlichen Gefühlen zugänglich sein?

Geradezu tragisch gestaltete **sich das Schicksal des französischen Volkes** während der letzten zwei Jahrhunderte. Es ist als wenn man ein Drama Ibsens in großem Style vor sich hätte: die Schuld der Väter rächt sich an den Söhnen!

Ein in sich abgeschlossenes großes, gottbegnadetes Reich, in der günstigsten geographischen, politischen und militärischen Lage, im Norden und Westen vom Meere, im Süden von einem gewaltigen Gebirgswalle begrenzt, im Osten ein stets friedlich gesinnter Nachbar Der Boden überall ergiebig, überreich an Naturschätzen aller Art; das Volk einheitlich, christkatholisch, fleißig, sparsam, intelligent, in den höheren Kreisen voll sprühenden Geistes und von berückender Liebenswürdigkeit, mit einer Sprache voll Wohlklang, mit Recht die Weltsprache; alle Bedingungen zur höchsten Steigerung des Wohlstandes der Entwicklung der Wissenschaft und Kunst, des Handels, der Industrie und des Verkehrs, im Besitze weiter und ergiebiger Colonialgebiete, kurz ein Eden auf Erden und welch' ein Schicksal ward ihm beschieden!

Aus der Despotie legitimer Herrscher verfiel es in den Terrorismus utopischer Ideen, um dann in die Hände von Autokraten schlimmster Art zu gerathen, immer und immer unter dem Zeichen des Krieges: des ungerechten, ungerechtfertigten Krieges, denn welche stichhältigen Motive für den Kampf sollten für dieses gesegnete Land, für dies gebenedeite Volk vorliegen? Wir lasen, gegen Österreich allein führte es im Laufe dreier Jahrhunderte 22 Kriege!

Namentlich waren es die beiden Herrscher aus dem Geschlechte der Napoleoniden, die den Krieg fast nur zu persönlichen Zwecken missbrauchten, die Tugenden, das rege Ehrgefühl, den hohen Patriotismus, die heldenhafte Tapferkeit des französischen Volkes ausbeuteten, hingegen seine Schwächen, Stolz, Empfindlichkeit und Ruhmsucht derart steigernd, dass es sich nun außerhalb der Gesetze der Welt stehend wähnt, sich unzugänglich für den Gedanken erweist, dass auch an ihn, wie eben an alle Menschen, das Schicksal mit rauher Hand herantreten könne und dass man sich dem Fatum, Gottes Hand beugen und fügen müsse.

Die Niederlage, die es im Kriege 1870/71 erlitten, war ein harter Schlag, und doch kann das französische Volk auf jene Zeit mit vollem Stolze zurückblicken. Wehrte es sich ja wie der gereizte Löwe und wenn je konnte es ausrufen: „Tout est perdu, hors l'honneur!" Geschlagen zu werden ist wahrhaftig keine Unehre und erwies sich ja die Armee ihrer ehrenvollen Traditionen treu und kämpfte wie einst unter der Gluth afrikanischer Sonne und auf den Eisgefilden des winterlichen Russlands mit gleicher heldenhafter Tapferkeit; erwies sich doch auch das Volk tapfer und wehrhaft.

Aber alle diese Erwägungen fanden beim französischen Volke nach dem Kriege ebensowenig Eingang, als wie jene, dass Frankreich noch immer ein so großmächtiges Reich sei, dass der Verlust von zwei kleinen Provinzen fremden Stammes leicht zu verschmerzen und kaum in die Wagschale fällt, ebensowenig wie an Kriegsentschädigung gezahlte Milliarden, geradezu „kleine Münze' für den unerschöpflich reichen Staat, endlich dass die Ehre Frankreichs makellos geblieben. Hingegen wird das Verharren Frankreichs seit mehr als 25 Jahren in der Revanche-Idee, wodurch diese den Charakter der Blutrache, der Vendetta, annimmt, die doch nur bei wilden oder halbcultivierten Völkern zu treffen, ein hartes Urtheil der Geschichte zur Folge haben, ja ist geeignet, das Ansehen des stolzen Reiches zu erschüttern.

Auch für die Art der Rüstungen, eine Folge der sofort nach dem abgezwungenen Friedensschlusse aufflammenden Kriegsidee, beschritt es in der rage de nombre nicht die richtigen Wege. Es ist eben leichter, ungezählten Millionen fanatisierter junger Männer die Waffe in die Hand zu drücken, als durch eifrige fleißige Arbeit die Tugenden der Armee, eiserne Disciplin, zähes, ausdauerndes Pflichtgefühl und inneren Halt in so hohem Grade zu potenziren, als dies bei dem Heere seines gehassten Nachbars der Fall ist.

Wenn wir nun dem Wesen der von Frankreich beobachteten Haltung, der Revanche-Idee nähertreten, so erkennen wir, dass es ihm damit gar nicht so voller Ernst ist, dass weder in den höheren Sphären, noch im Volke diese Strömung vorherrscht, dass vielmehr nur jene Schichte der Bevölkerung noch die Oberhand besitzt, welche überhaupt die unruhigen und unzufriedenen Elemente in den Staaten bilden. Man dürfte nicht fehl gehen, wenn man deren Zahl auf ebensoviele Hunderttausende schätzt, als Frankreich Millionen Einwohner besitzt; also eine verschwindende Zahl, aber groß an Einfluss, an Terrorismus. Jedenfalls gelang es seit 25 Jahren den Regierungsmännern, die Revanche- und Kampfesidee nicht zum Ausbruche gelangen zu lassen. Vor wenigen Jahren trat auch sichtlich eine Besserung ein. Die Gunst- und Freundlichkeitsbeweise des deutschen Kaisers blieben nicht ohne Wirkung; auch sonst erhoben sich in dem angeseheneren Theil der Tagespresse Stimmen, welche für den Versöhnungsgedanken eintraten. Die jüngsten Ereignisse steigerten wieder die Hoffnung auf die Hilfe Russlands und eine turbulente Bewegung gieng durch Frankreich. Aber schon hört man, **Hoffnung** sei vorhanden, dass eben von Seite Russlands Annäherungs-, Versöhnungsversuche gemacht werden sollen. So möge denn die Zeit nicht mehr allzuferne sein, wo **Frankreich**, in normale Bahnen einlenkend, in die große europäische **Völkerfamilie** eintritt und mitwirkt an dem **Streben zum** Höchsten, der fortschrittlichen, veredelnden Entwicklung der Menschheit.

R u s s l a n d, das Reich unbeschränkter Macht, unbeschränkten Besitzes, denn der Czar ist nicht nur Selbstherrscher, sondern auch kirchliches Oberhaupt, und ungemessene Räume stehen in Asien als Absatzgebiete, sowie für die culturelle Mission zur Verfügung, die Russland in so glänzender Weise vollführt. Das nordische Klima und der wenig ergiebige Boden, schwere Arbeit fordernd, zeitigt jenes genügsame, kernige Volk, zufrieden bei genügendem Brote, nicht allzuwenig gebrannten Wässern und nicht allzuviel Deportation nach Sibirien; ein ausgezeichneter, ausdauernder Soldat.

Mälig, aber stetig entwickelt sich das Riesenreich — so wächst die nordische Eiche. Eine ungeheuere Kriegsmacht regulärer und irregulärer Truppen steht ihr zur Verfügung. In seinem Klima und den weiten, wenig cultivierten, wenig wegsamen Räumen besitzt es einen Schutzwall, der seine Defensivkraft in hohem Maße steigert. So ist es gut, mit dem gewaltigen Nachbarn auf freundlichem, auf bestem Fuße zu stehen, namentlich für Österreich-Ungarn, das überdies nur alle Ursache hat, ihm dankbar zu sein: denn in der Zeit der Noth und Gefahr stand es immer an der Seite Österreichs. Seine Offensivkraft hat es bisher wenig verwerthet und ist es meist nur von den übrigen Mächten Europas herbeigerufen oder provociert, in den Krieg getreten. Nur jenes große politische Ziel, die Gewinnung Constantinopels und damit auch der freien Schiffahrt in den südlichen Meeren, gab wiederholt Veranlassung zu Kriegen gegen die Türkei, welchen stets die Eifersucht anderer Mächte Halt gebot. Es scheint übrigens, dass es jenes Ziel nur auf friedlichem Wege erreichen wird. Jene Kriege aber, die es zur Erweiterung seiner Machtsphäre in Asien führte, sind zugleich von den segensreichsten Folgen begleitet, der Verbreitung von Cultur und Gesittung. So sieht denn Russland, auf dem Wege der Mäßigung und der Besonnenheit wandelnd, einer großen, schönen Zukunft entgegen.

Noch wäre des geeinigten **Italiens** zu gedenken, nicht nur der Garten, sondern auch das enfant chéri Europas, das ihm tributpflichtig, indem alle Welt das blühende Land aufsucht und alljährlich Millionen dort zurücklässt.

Seit dem Zerfalle des Römerreiches gleich Deutschland in Einzelstaaten zerstückt, hielt es gleichwohl seinen Charakter aufrecht. Das Volk, in dem milden Klima und dem productiven Boden leicht, fast zu leicht die Lebensbedingungen findend, neigt bei aller allgemeinen Tüchtigkeit zum „dolce far niente", und so sind seine Hauptcharakterzüge Genügsamkeit, Heiterkeit und Liebenswürdigkeit.

Das harte Schicksal, stets unter fremder Herrschaft zu stehen, steigerte einerseits seinen Patriotismus, andererseits aber auch seine Neigung zu conspirieren und zu revoltieren. Obwohl die unter österreichischer Oberhoheit gestandenen Landestheile dabei sichtlich gediehen, war der Hass gegen die bösen „austriaci" ein gewaltiger und äußerte sich unter **Anderem** auch in dem Vers über die so ersehnte italienische Tricolore, welcher lautete:

> Nel candido bianco
> Il verde del lor (lauro)
> Il sangue del austro
> Per terzo color!

Der Lorbeer war ihnen, bei aller Tapferkeit der Truppen, in den Kämpfen gegen Österreich nicht beschieden. Der guten, etwas stark durch Egoismus angekränkelten **Freundschaft Frankreichs** (Napoleon III.) und Preußens hatte Italien seine Einigung zu verdanken, eine politische Wandlung, der wohl jeder Gebildete seine Sympathie entgegenbringt und dem herrlichen Lande Glück und Segen, in seiner weiteren Entwicklung wünscht.

Das geeinigte Italien sah sich veranlasst, sich auch der allgemeinen Rüstungsbewegung anzuschließen und trägt schwer daran. Es frägt sich nun, wer soll dem Reiche nahetreten, welche Gefahr droht ihm? Freilich nöthigen Bundespflichten dazu. Ehre dem Lande welches so große Opfer für das Allgemeine bringt.

Prüft man endlich die allgemeine Lage in Europa, vom höchsten, weitesten Gesichtspunkte aus, so kommt man zur Erkenntnis, dass sich auch hier das unabwendbare Naturgesetz vollzieht und Europa zu altern beginnt. Die jugendliche Lebenskraft ist in den südlichen

Theilen, gleichsam in den Extremitäten des Welttheiles, geschwunden und das Culturcentrum schreitet, wie zu Beginn des Mittelalters gegen den Osten und Norden vor, dort neue Gebiete für Völkerjugend erschließend. Spanien, **das** einst eine so wichtige Rolle **spielte**, Portugal, das Phönicien des Alterthums, Griechenland, in den ersteren Decennien vom Türkenjoch befreit, noch in gedrückter Position, sie **alle** zählen kaum mehr mit in der großen europäischen Staatengemeinschaft. „Die Türkei lebt in Europa nur mehr durch die Eifersucht der anderen Mächte. Selbst **das** meerbeherrschende England entwickelt, durch **ungeheueren Colonialbesitz** gesättigt, nicht mehr jene weltbedrohende Energie wie einst. Und Frankreich, so lange der führende, **der gefürchteteste** Staat in Europa — die Feder sträubt sich, weitere Conclusionen niederzuschreiben; sollte auch **hier** das Verhängnis **seine dunklen** Pfade wandeln! — Sicher ist es, **dass** Frankreichs jetzige militärpolitische Haltung einen Rückschritt bedeutet, **der auf die Dauer von ernsten**, nachtheiligen Folgen begleitet sein dürfte.

Im Herzen Europas, in **Deutschland, Österreich-Ungarn** ist die Lebenskraft noch **ungeschwächt, ja durch neue Impulse erfrischt**, erhöht, gestärkt. Treten **jedoch unerwartet** Störungen **ein**, kommt es bei der jetzigen Lage zum **Kriege**, so gilt es, wie zur Genüge bekannt, einen allgemeinen, erschütternden Völkerkampf, in welchem die eigentlichen streitenden Parteien Deutschland und Frankreich sind, auf deren **Territorien** sich **auch vorwiegend die Kriegsereignisse** abspielen werden.

Wenn Zwei streiten, freut sich der **Dritte**; der Dritte ist in diesem Falle der Slave. Der Gigantenkampf zwischen den teutogermanischen und **den galloromanischen** Völkerschaften, **wodurch** sich diese gegenseitig schwächen, wird **also** den slavischen **Völkern** zugute kommen und diese treten **dann** vielleicht früher die **Weltherrschaft** an, als es gut ist, denn **dazu** sind **diese braven, tüchtigen** Völker doch noch lange nicht **reif**.

Auch **dieses** Zukunftsbild **dient zu Warnung** für die Staaten, welche am **Ruder stehen**, die Vorbereitungen zum Kriege nicht in jenem ausgedehnten Maße fortbestehen zu lassen, wodurch die zu erwartenden gegenseitigen Kämpfe die Lebenskraft der Völker vorzeitig abnützen würden — im Gegenfalle **aber** — bei endlosem Frieden, im entscheidenden Momente Alles **der** Stagnation, Verflauung und Versumpfung anheimgefallen wäre. **Sollte** es aber einst zum großen Entscheidungskampfe zwischen **der** germanischen und slavischen Welt kommen, dann bedarf es **mehr** denn je **der** maßvoll starken, aber ungemein kriegsgewandten, tüchtigen Heere. Die Kriegführung müsste jener Karl XII. sich nähern. Nicht ungeheure Massen mit ihren zahllosen Bedürfnissen, sondern Heere von wenigen Hunderttausend, die in ungemein rascher Bewegung und größter Manövrierfähigkeit, die weiten, wenig cultivirten, unwegsamen Räume durcheilen und dann mit äußerster Percussionskraft, gleich **den gegen** Panzer entsendeten Stahl-Spitzgeschossen den Gegner ereilen und zerschmettern, ehe er, stets zurückweichend, sich auch immer mehr verstärkt. Die Millionenheere hingegen, insbesondere wenn sie sich in ewig dauerndem Frieden in ihrem Zustande dem „Grünbannerheere" genähert haben werden, würden Hunger, Durst, Krankheiten und Klima mehr zu besorgen haben, als die feindlichen Geschosse.

Ausblick in die Zukunft.

Selbst aus dieser nur flüchtigen Skizze der Geschichte des Krieges ist zu entnehmen, wie sich die heutigen Zustände und die allgemeine Lage in Central-Europa unter dem durch Frankreich ausgeübten Druck und des allgemein herrschenden kriegerischen Geistes, im Drange der Ereignisse, gleichsam unter unwiderstehlichem Zwange herausgebildet haben.

Darüber sprach sich ein Blatt*) wie folgt aus ·

„Die europäischen Völker theilen sich in zwei Gruppen, von deren Gleichgewicht die Erhaltung des Friedens abhängt. Ein Friede ohne innere Beruhigung, ohne die erlösende Kraft wahrer Eintracht, unter dem Schutze stehender Heere, wie sie die Erinnerung der Menschen nie gekannt hat, nur gesichert durch gegenseitige Furcht und durch Besonnenheit. Wehe dem Schwachen! Die Allianzen gleichen den zusammengeballten Gewittern, und jeder Zufall weckt die Sorge vor einer plötzlichen Entladung. Die scheinbare und äußere Einigkeit der Minister und Diplomaten kann die innere Spaltung und Zerissenheit nicht ersetzen. Auftauchende Schwierigkeiten können nicht dauernd gelöst, sondern nur verschleppt und vertagt werden. Die Klagen der Unterdrückten verhallen, das Mitleid mit den Gequälten muss erstickt werden, denn der generöse Aufschwung ist unmöglich in einer Zeit, in der die Selbsterhaltung das einzige Ziel sein kann und in der die großen Reiche durch Misstrauen auseinandergesprengt werden. Allianz oder Union, es ist ein furchtbares Werkzeug gezimmert worden, das alle Völker zu steter Wachsamkeit nöthigt und die Hoffnung auf eine Entlastung der wirtschaftlichen Arbeit zerstört. Niemals ist der Dreibund eine nothwendigere und wichtigere Bürgschaft des Friedens gewesen, als jetzt. Würde er nicht bestehen, so könnte der Wille eines Mannes über die Ruhe der Völker entscheiden. Nur der Kraft und Sicherheit des Dreibundes ist es zu danken, dass der Gedanke an

---

*) „Neue Freie Presse".

einen Krieg von allen Ländern mit Abscheu zurückgewiesen wird Auch der Czar steht auf dem Boden der Verträge, von dem sich niemand zu entfernen wagt. Das getrennte Europa ist wenigstens einig im Wunsche, jeder Machtprobe auszuweichen."

Gegen diese Ausführungen ist wohl nichts einzuwenden, da sie auf Thatsachen beruhen. Nur die Hoffnungslosigkeit, dass an der Sache nichts zu ändern ist, können wir nicht theilen und halten wir die Möglichkeit einer Verständigung der fünf Großmächte zu dem Zwecke, sich aus der Zwangslage, namentlich was die militärische Seite derselben anbelangt, zu befreien, aufrecht. Die öffentlich ausgesprochene Erkenntnis des Misslichen, der Unhaltbarkeit der Zustände bestärken diese Hoffnung; es ist dies der erste Schritt zur Besserung. Jedenfalls erscheint diese hochwichtige Frage nun discutierbar.

Vor allem ist hervorzuheben, dass solange die jetzige allgemeine Lage aufrecht besteht, an eine Änderung in militärischen Dingen überhaupt nicht zu denken ist, es muss vielmehr, namentlich in dem ohnehin maßvollen Österreich - Ungarn jeder Anforderung zur Hebung und Stärkung der Wehrmacht unbedingt Folge gegeben werden. Die allgemeine Lage ist aber vorwiegend durch die feindselige Haltung Frankreichs geschaffen. Als zu erfüllende Vorbedingung erscheint somit die Beruhigung, die Versöhnung Frankreichs, das Ablassen von der Revanche-, von der Kriegsidee. Dahin wären somit alle Bemühungen zu richten.

Wenn im fernen Osten oder Süden in der Türkei, in Afrika irgend eine Ausschreitung stattfindet, einigen sich bald die europäischen Mächte zum gemeinsamen Handeln; der Umstand, dass Frankreich nunmehr seit 25 Jahren halb Europa in Schach hält, mit Kriegsgefahr bedrängt, läßt vollständig kühl. Dem Zusammenwirken aller anderen europäischen Mächte mit dem Ziele: Frankreich „zur Ordnung zu rufen", es vor sich selbst, vor seinem Chauvinismus zu retten; dem Drängen, Bitten, Flehen aller und wenn es sein muss, der vollständigen Isolierung, gleichsam dem politischen Boykott, könnte es auf die Dauer nicht widerstehen.

Ist dieses Ziel erreicht, so könnte einen Schritt weiter gegangen und an die Mäßigung der Kriegsidee, an eine Herabminderung der numerischen Stärke der Heere gedacht werden. Selbstverständlich müsste eine solche Wandlung unter Mitwirkung sämmtlicher im höheren Rüstungszustande befindlichen Staaten proportional, gleichmäßig und gleichzeitig geschehen.

Es handelt sich dann nicht etwa um eine Abrüstung im landläufigen Sinne, um organisatorische Änderungen, nicht um den „Traum alter Soldaten", der Schaffung von Berufsheeren u. dgl.

Die Sache liegt, wie alles Große, einfacher und doch viel höher. Es handelt sich darum, **dem Kriege** den Charakter des Volkskrieges, wodurch er zur vernichtenden, zerstörenden Kraft wird, zu nehmen; die Armee in das durch die Geschichte wohl verbriefte Recht, allein den Krieg zu führen, wieder einzusetzen und die fünf Staaten Mitteleuropas aus dem Dilemma der großartigsten Kriegsvorbereitungen und der allgemeinen Friedensliebe zu befreien. Die Heere wären in ihrem jetzigen Friedensbestande unberührt zu lassen, nicht anzutasten, desto mehr aber auf eine bedeutende Erhöhung des Kriegsstandes bei der Mobilisierung zu verzichten. Von der Idee, dass jeder Staat numerisch bis an die Grenze der Möglichkeit zu rüsten habe, ist abzulassen, die Millionenheere sind in solche von Hunderttausende zu wandeln.

Die Mächte hätten sonach das Schwergewicht der Rüstungen nicht auf die übergroße Zahl, sondern auf den größeren inneren Wert, auf die Tüchtigkeit der Armee zu legen. Die Frage würde dann lauten: welcher **Staat** hat die bessere, nicht aber welcher hat die zahlreichere Armee, und der erstere wäre dann im Vortheile. **Die Thatsache, dass der eine oder der andere Staat in der Zahl und der Güte überlegen ist, ist unvermeidlich, da** es eben größere Staaten gibt, die mehr Einnahmen, mehr Hilfskräfte besitzen als andere. Das Ganze bedingt eine maßvollere Ausnützung und Anwendung des Systems der allgemeinen Wehrpflicht. Schon jetzt bestehen darin bei allen Mächten gewisse Erleichterungen, ohne dass darüber Vereinbarungen getroffen worden wären, wie z. B. die Beschränkung der Wehrpflicht auf ein bestimmtes Alter, verschiedene Abstufungen in der Einreihung, Begünstigung der Intelligenz. Nun ist es durchaus nicht ausgeschlossen, **dass** in Erkenntnis, dass die volle Ausnützung der allgemeinen Wehrpflicht zu weit führt, eine Hypertrophie der Heere schafft, noch **weitere bedeutende Mäßigungen und** Erleichterungen **international vereinbart werden könnten.**

Das leider stets auftauchende Misstrauen, ob derlei Vereinbarungen auch **thatsächlich** befolgt werden, ist dadurch gebannt, dass solche Bestimmungen allgemein bekannt sind, somit unter Controle des Volkes, der Allgemeinheit stehen. Würde beispielsweise international vereinbart werden, dass **die** Maximaldauer der Wehrpflichtigkeit sechs, acht oder zehn Jahre betrage, so wüsste dies Jedermann und eine Überschreitung ist in Rechtsstaaten nicht denkbar.

Dergleichen **Stipulationen** wären wohl von außerordentlich günstigen Folgen begleitet. Dem Zukunftskriege wäre dann der Charakter des Volkskrieges, also der vernichtenden, zerstörenden Kraft benommen und er würde jenen der fördernden, schaffenden Kraft erhalten, welche im Völker- und Staatenleben, endlich für die Armeen n o t h w e n d i g ist. Etwaige Besorgnisse wegen zu bald eintretender Kriegsgefahr erscheinen ganz ungerechtfertigt, da alle großen Fragen in Europa gelöst, namentlich die Einigung der so lange vielgetheilten Staaten erzielt worden ist, die Regierungen und Völker sich in Friedensliebe überbieten.

Die Armeen würden von allen minderwerthigen Elementen, von dem milizartigen Wesen und der Überzahl befreit, zu gefügigen Werkzeugen in der Hand des Feldherrn werden. Das Verhältnis der Anzahl der Officiere und Unterofficiere zu jener der Mannschaft wäre ein viel günstigeres und darin bestünde die Veredlung der Wehrkräfte. Die Armeen würden nach wie vor im Volke wurzeln, von diesem getragen werden, ohne dessen Kräfte bis auf's Äußerste in Anspruch zu nehmen, ohne dass der Krieg eine wesentliche Störung oder gar eine Stockung der Arbeit und des Schaffens herbeiführen würde. Es ist also vor allem der Militär, welcher einen solchen Umschwung der Dinge mit Freude willkommen heißen müsste.

Die Einkehr zum Besseren, die Remedur verjährt nicht.

Der Frankfurter Frieden (10. Mai 1871) ist trotz aller Mühen insoferne ein Torso geblieben, dass sich Frankreich nur der Form nach, der Gewalt weichend, in die Friedensbedingungen fügte. Dem Wesen nach befindet es sich noch heute im latenten Kriegszustande, den Frieden fortwährend bedrohend. Dies sollte anders werden. Der wirklich thatsächliche **Frieden wäre daher erst abzuschließen.** Dieser posthume Friedensschluss könnte zu einem wahrhaft segensreichen Werke werden. Europa könnte das Staatengleichgewicht wiedergegeben, die Kriegsidee, die Kriegsvorbereitungen könnten in normale Bahnen gelenkt werden, indem man die Völker der erhaltenden Kraft des pax et labor überweist, der Armee allein das Recht wieder zuspricht, dass sie sich auf unzähligen Schlachtfeldern durch das Blut ungeheurer Mengen von Braven erworben hat, das Recht, Schutz und Wehr der Staaten zu bilden, für Kaiser und Vaterland zu leben und zu sterben. Den Heeren ist aber im vollsten Maße alles Nothwendige zu gewähren, was sie zur Kräftigung, zur Vervollkommnung und materiellem Wohlbefinden benöthigen, es müssten wahre Gardeheere sein.

Von Nordosten her weht ein milder, völkerversöhnender Hauch. Großbritannien hat mit den Vereinigten Staaten Nordamerikas die Präliminarien eines Vertrages abgeschlossen, um zu verhindern, dass zwischen diesen Staaten ein Krieg aus nichtigen Gründen ausbreche. Die Nordstaaten: Schweden, Norwegen und Dänemark, traten in ein Neutralitäts-Bündnis.

Eine grosse, edle Idee, geboren und verwirklicht bei den fortgeschrittensten Völkern, im wahren Culturcentrum der Erde, ist eine gewaltige Macht. Sie wird sich gewiss auch auf dem europäischen Continent siegreich Bahn brechen, damit die dort bestehenden scharfen Extreme gemildert, ausgeglichen werden, wieder normale Zustände eintreten und die Völker unter dem Schutze vorzüglicher Armeen nebeneinander leben, wie es christlichen Culturvölkern geziemt. Das gebe Gott!